렘브란트 자화상에 숨겨진 비밀

렘브란트 자화상에 숨겨진 비밀

수잔나 파르취 · 로즈마리 차허 글 | 노성두 옮김

다림

SPIEGLEIN, SPIEGLEIN AN DER WAND Wie Rembrandt & Co. sich selbst malten
by Susanna Partsch, Rosemarie Zacher
Originally published at Bloomsbury Kinderbücher & Jugendbücher © 2007 Berlin Verlag GmbH
Korean Translation Copyright © 2009 Darim Publishing Co.
The Korean edition is published by arrangement with Berlin Verlag GmbH through MOMO Agency, Seoul, Korea.
All rights reserved.

예술가들이 사는 마을 2

렘브란트 자화상에 숨겨진 비밀

초판 1쇄 발행 2009년 12월 15일
초판 9쇄 발행 2021년 10월 15일

글쓴이 수잔나 파르취, 로즈마리 차허
옮긴이 노성두
펴낸이 한혁수

편집장 천미진
편　집 임수현, 이정미
디자인 한지혜, 강혜린
마케팅 한소정
경영지원 구혜지, 한지영

펴낸곳 도서출판 다림
등록 1997년 8월 1일(제1-2209호)
주소 07228 서울시 영등포구 영신로 220 KnK디지털타워 1102호
전화 (02) 538-2913 | 팩스 (02) 563-7739
블로그 blog.naver.com/darimbooks
다림 카페 cafe.naver.com/darimbooks
전자 우편 darimbooks@hanmail.net

ISBN 978-89-6177-026-2　73600
ISBN 978-89-6177-030-9　(세트)

*이 책 내용의 일부 또는 전부를 사용하려면 반드시 저작권자와 도서출판 다림의 서면 동의를 받아야 합니다.
*책값은 뒤표지에 있습니다.
*이 책의 한국어판 저작권은 모모 에이전시를 통해 Berlin Verlag GmbH과 독점 계약한 도서출판 다림에 있습니다. 저작권법에 의해 한국 내에서 보호를 받는 저작물이므로 어떠한 형태로든 무단 전재와 무단 복제를 금합니다.

제품명: 렘브란트-자화상에 숨겨진 비밀 | 제조자명: 도서출판 다림 | 제조국명: 대한민국
전화번호: 02-538-2913 | 주소: 서울시 영등포구 영신로 220 knk디지털타워 1102호
제조년월: 2021년 10월 15일 | 사용연령: 10세 이상
※KC마크는 이 제품이 공통안전기준에 적합하였음을 의미합니다.

⚠ 주 의
아이들이 모서리에 다치지 않게 주의하세요.

차례

거울아, 거울아 내 모습을 비춰 주렴   7

렘브란트의 흔적, 자화상   21

새로운 도전, 판화   33

날 따라 해 봐요 이렇게!   49

거울 속 세상 거울 밖 세상   63

자화상이 나에게 준 것   75

부록   101

1. 렘브란트의 발자취
2. 숨은 자화상 찾기
3. 미술관에 놀러 가요

1

거울아, 거울아, 내 모습을 비춰주렴

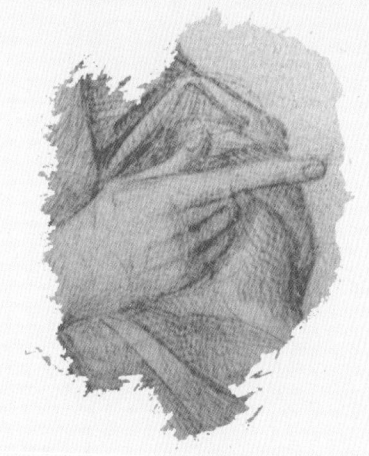

■ 수록 작품
렘브란트 〈34세의 자화상〉 1640년, 나무판에 유화, 93x80cm, 런던 국립미술관 (10쪽)
〈구다 수녀의 채식 필사본〉 1150년경, 프랑크푸르트암마인 대학 도서관 (12쪽)
알브레히트 뒤러 〈소년 시절의 자화상〉 1484년, 은필 소묘, 27.5x19.6cm, 빈 알베르티나 (16쪽)

이 사람은 누굴까? 빵떡모자를 삐딱하게 걸쳐 쓰고, 목깃을 세워서 멋을 냈군. 펠트*를 두툼하게 넣은 겉옷이 꽤 거추장스러워 보이네.

패션 감각이라곤 빵점짜리 차림새인데, 혹시 이 아저씨, 사육제 축제에 나가려고 차려입은 걸까? 아니면 연극배우? 그러고 보니 꽤 콧대가 높아 보이는 얼굴이네.

이 아저씨 정체가 슬슬 궁금해지는군. 수백 년 시간을 훌쩍 넘어서 나타난 것 같아. 그건 그렇고 이건 붓으로 그린 그림일까, 아니면 사진일까?

*펠트
양털 등 짐승의 털에 열과 압력을 가하여 만든 천. 옷의 형태를 잡아 주기 위해 썼다.

화가 렘브란트의 자화상이야.

옳지, 사진이 아니라 붓으로 그린 그림이었군. 어쨌든 요즘 그림이 아닌 건 분명해. 오른쪽 팔을 난간에 점잖게 얹고 우리를 쳐다보고 있군. 가만 있자, 그림 오른쪽 아래에 보일락 말락 한 글자가 적혀 있네.

'렘브란트 f. 1640'

렘브란트는 지금으로부터 400년 전쯤 네덜란드에서 활동했던 화가야. 여기서 'f.'는 라틴어로 '제작했다'라는 뜻을 가진 fecit(페키트)의 줄임말이야. '1640'은 그림을 완성한 해를 나타내겠지? 옳거니! 그러니까 네덜란드 화가 렘브란트가 1640년에 이 자화상을 완성했다는 말이군.

그림의 주인공이 렘브란트라는 사실은 쉽게 알 수 있어. 자화상을 얼마나 많이 그렸는지 그림의 주인공이 누군지 대번에 알아보았다니까. 사실 렘브란트보다 자기 얼굴을 더 많이 그린 화가는 일찍이 없었다고 해도 과언이 아니야.

알파벳 초상 렘브란트가 활동하기 이전에도 당연히 화가들이 있었어. 옛날 중세 시대에는 화가들이 예수와 마리아 또는 성인들의 모습을 그리곤 했어. 성경에 등장하는 인물들이 주인공으로 나오는 제단화나 경배화를 그리면 교회에서 가지고 가곤 했지. 교회 벽면에 걸거나 세워 두려고 말이야.

그렇지만 그림 속에서 같은 시대 인물들의 초상화가 등장하는 경우는 무척 드물었지. 그 시대에는 창조주 앞에서 인간은 죄다 피조물에

알파벳 속에 들어가 있는 구다 수녀의 모습

* 전례력
교회에 관련된 중요한 기념일이나 축일을 표시해 둔 달력.

불과하다고 생각했기 때문에, 개개인의 생김새에는 전혀 신경을 쓰지 않았던 거야. 같은 시대 인물의 초상은 고사하고 화가 얼굴을 초상화로 그리는 건 더더욱 드물었어. 그야말로 가뭄에 콩 나듯 했지.

인쇄 기술이 발명되기 전에는 필사가라는 직업이 있었어. 필사가는 책을 베껴서 쓰는 사람이야. 그 시대에는 성경이나 기도서나 전례력* 같은 것을 만들 때 글자를 하나씩 베껴서 써야 했어. 수도원에서 수사나 수녀들이 만든 양피지 채식 필사본을 보면, 책의 각 장 첫머리에서 이런 그림을 볼 수 있어. 동물이나 신기한 형상을 하고 있는 알파벳 그림이나 아주 가끔씩 필사가의 모습도 볼 수 있지. 채식 필사본은 필사가들이 글에다 그림까지 넣어 장식한 책이거든.

위에 있는 사진은 850년 전쯤에 탄생한 채식 필사본이야. 꼬불꼬불

한 첫 글자는 알파벳 D를 큼직하게 형상화한 거야. 첫 글자이니만큼 특별히 정성을 들여서 장식했나 봐.

그런데 알파벳 안에 사람이 하나 들어가 있네. 여자는 경건한 자세로 서서 '죄 많은 계집 구다가 이 책에 글과 그림을 완성했습니다.'라고 적혀 있는 라틴어 두루마리를 들고 있군. 그러니까 알파벳 초상의 주인공은 채식 필사본을 제작한 필사가이자 필사 화가인 모양이야.

두루마리에 적힌 글을 읽으면서 우리는 구다가 채식 필사본에 자화상을 그려 넣었다는 사실을 알 수 있어. 알파벳 D를 그리면서 그 안에다 자기 모습을 넣을 생각을 했나 봐. 구다는 옷차림으로 미루어 보아 수녀의 신분이었겠지.

구다 수녀의 모습을 조금 더 살펴볼까? 왼손에는 넝쿨처럼 생긴 두루마리를 들었는데, 오른손은 펴서 보란 듯이 들고 있어. 손바닥을 내보이면서 손을 들고 있는 건, '제가 하는 말씀에 귀를 기울여 주시기 바랍니다.'라는 뜻이야. 구다 수녀는 입으로 말을 하는 대신 두루마리에 쓴 구절을 펴서 우리에게 보여 주고 있지. 우리는 두루마리에 무슨 내용이 적혀 있는지 이미 다 알고 있지만 말이야.

그런데 구다 수녀는 손이 굉장히 큰 것 같아. 왜 그럴까? 글을 쓰고 그림을 그리는 데 손이 가장 중요한 도구니까, 구다 수녀가 자기 손을 유난히 크게 그렸나 봐.

구다 수녀는 채식 필사본에서 다른 알파벳 그림을 일곱 개나 더 그렸어. 모르긴 몰라도 다른 채식 필사본 작업도 꽤 했을 거야. 물론 그림도 그렸겠지. 그렇지만 안타깝게도 구다 수녀에 대해서는 거의 알려진 게 없어. 구다 수녀가 설마 알파벳 속에 등장하는 모습과 똑같이 생기진 않았겠지? 사실 눈에 보이는 대상을 똑같이 그리는 건 중세 화가들에게 아무 의미도 없는 일이었어. 그냥 옆에다 이름을 적는 걸로 충분했던 거야. 이게 누군지 알 수 있으면 그만이라고 생각했지.

〈준비물〉
연필, 물감, 색연필 등
마음에 드는 알파벳

우리도 중세 시대로 여행을 떠나 볼까? 인쇄 기술이 아직 발명되지 않아서 뭐든지 직접 쓰고 그리는 시대로 말이야. 이제 우리도 작업대 앞에 앉은 신부나 수녀가 되어서 필사를 시도해 보는 거야.

우선 커다란 알파벳을 그려야겠지. 각자 자기 영문 이름의 첫 머리글자를 쓰기로 해. 다른 알파벳을 써도 상관없어.

먼저 연필을 가지고 스케치를 하는 거야. 내키는 대로 넝쿨이나 문양을 만들어 보기도 하고. 그 다음에는 알파벳 안에다 각자 자기 얼굴을 그려 보자고. 얼굴만 그려도 되고 책상 앞에 앉아 있는 모습 전체를 그려도 좋아. 몸뚱이를 구부려서 S자 알파벳을 표현하는 건 어떨까? I나 P 같은 다른 알파벳도 얼마든지 실험해 보는 거야. 마지막으로 물감을 칠하면 완성이지. 중세 시대의 화가들도 이런 식으로 그림을 그렸어.

여러 가지
알파벳 자화상

거울을 보고 그린 그림 구다 수녀도 자신의 생김새를 정확히 표현하는 데에 별로 관심이 없었나 봐. 중세 시대 화가들은 누구나 다 그랬다니까 대수로울 건 없겠지.

그렇지만 그로부터 200년이 지난 1400년경부터는 사정이 달라졌어. 화가들이 대상을 꼼꼼히 관찰하기 시작한 거야. 초상화를 주문한 사람들이 자기 얼굴을 제발 좀 알아볼 수 있게 그려 달라고 화가들에게 부탁하면서 생긴 변화였지.

주문자들은 대개 도시의 부유한 상인이나 시민들이었대. 주문자들은 교회 제단화를 주문하고 대금을 지불하는 조건으로, 초상화를 요구하기 시작한 거야. 다소곳이 무릎을 꿇고 두 손을 모은 채 기도를 하고 있는 자기네들의 모습을 제단화의 귀퉁이에 조그맣게 그려 넣고 싶었던 거지. 이전에는 주문자의 가문 문장이나 이름을 넣는 것으로 만사형통이었는데, 이젠 그걸로 왠지 부족해진 거지.

'쳇, 일껏 돈을 냈는데 제단화에 내 얼굴도 안 들어가면 무슨 소용이람?'

이런 생각을 한 거야. 어쩔 수 없이 화가들은 초상의 주인공이 누군지 단박에 알아볼 수 있는 그림을 그려야 했고, 이에 따라 사람 얼굴을 제대로 그리는 연습이 필요했지. 그럼 화가들은 누구 얼굴로 초상화를 연습했을까? 가장 값싼 모델은 아무래도 거울에 비친 화가 자신의 얼굴이었을 거야.

거울은 얼굴을 관찰할 때 무척 요긴한 도구야. 그래서 그 시대 화가들은 거울을 하나씩 장만하느라 정신들이 없었어. 거울에 비친 얼굴을

알브레히트 뒤러가 소년 시절에 그린 자화상

쳐다보면서 도리 없이 한 땀씩 베껴야 하니까.

왼쪽 그림은 독일 화가 알브레히트 뒤러(Albrecht Dürer 1471~1528)가 어린 시절에 거울을 보고 연습한 그림이야. 뒤러가 그린 최초의 자화상이기도 하지. 몇 해가 지난 뒤에 알브레히트 뒤러는 이 그림을 그리느라 거울이 필요했다고 기록을 해 두었어.

뒤러의 아버지는 떠돌이 금세공사였대. 뉘른베르크에 정착한 뒤 아들에게도 금세공 기술을 가르쳤지. 학교는 보내는 둥 마는 둥 했어. 그 덕분에 알브레히트 뒤러는 열 살이 지나서야 읽고 쓰기를 간신히 할 수 있었다고 해. 이 그림은 아버지로부터 금세공 기술을 한참 배우고 있을 때 그린 거야. 열셋 먹은 꼬마가 시간을 내서 제 얼굴을 그릴 생각을 하다니, 꽤 대견하지 뭐야.

뒤러의 소년 시절 자화상을 보면 얼굴과 몸이 약간 옆으로 돌아간 것을 알 수 있어. 눈동자도 바깥을 보고 있군 그래. 어깨 위로 흘러내린 머리카락이 찰랑거리고, 머리에는 모자까지 썼네. 또 헐렁한 옷소매 아래로 손이 불쑥 튀어나와서 뭔가를 가리키고 있어. 다른 손은 슬쩍 옷자락으로 감추었군. 뒤러는 그림 오른쪽 위에다 구불구불한 글씨로 무언가 적어 놓았어. 아마 그림을 그리고 나서 몇 해 뒤에 썼나 봐. 이런 내용이야.

'이 그림은 1484년 내가 아직 어렸을 때 거울을 보면서 그린 자화상이다.'

글자가 삐뚤삐뚤 춤추고 틀린 글자도 몇 개 눈에 띄지만 그쯤은 눈 감아 주어도 괜찮을 것 같아. 너무 까탈스럽게 굴 건 없잖아. 500년 전

독일에서는 아직 표준어가 확립되어 있지 않은 데다, 뉘른베르크 사투리란 게 여간 괴상망측해야 말이지. 그럭저럭 뜻이 통하는 것만 해도 천만다행이지 뭐야.

 소년 뒤러는 거울을 보고 자기 얼굴을 그렸어. 그렇지만 몸과 옷소매를 그릴 때는 굳이 거울을 사용할 필요가 없었겠지. 얼굴에 비해서 어째 건성으로 그린 듯한 느낌이 드는군. 아마 다른 화가의 그림을 보고 옷주름을 흉내 냈을 테지. 남의 그림을 보고 흉내 내서 그리는 것을 '모사'라고 해.

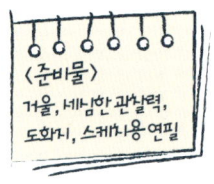

〈준비물〉
거울, 세심한 관찰력,
도화지, 스케치용 연필

 자신의 생김새와 꼭 닮은 얼굴을 그리려면 거울이 필요해. 거울을 열심히 들여다보면서 관찰을 하는 거야.
 이마가 도톰한지 반듯한지, 두 눈이 모였는지 떨어져 있는지 파악하는 거야. 코는 또 어떻게 생겼을까? 납작코, 말코, 매부리코, 주먹코…… 사람마다 코의 생김새가 다 제각각이겠지. 가령, 코끝과 입술 사이의 인중이 짧은지 긴지도 봐야 해. 또 얇은 입술도 있고 두툼한 입술도 있을 거야. 턱도 마찬가지야.
 자신의 얼굴을 그리는 건 만만한 일이 아니야. 자화상을 그리려면 반드시 거울을

공주님이 여기 계셨군.

가지고 관찰하는 과정을 거쳐야 해. 눈, 코, 입, 귀, 턱, 이마를 다 관찰했다고 해서 곧바로 그림을 그릴 수 있는 건 아니야. 각 부분들이 어떻게 어울려서 하나의 얼굴을 만들어 내는지를 따져 봐야 하니까. 거울에 비친 얼굴의 생김새뿐 아니라 표정까지 표현할 수 있으면 금상첨화겠지.

관찰의 비밀을 한 가지 알려 줄게. 거울에 비친 얼굴을 보면서 그게 사람의 얼굴이 아니라 풍경이라고 생각하는 거야. 언덕과 비탈, 계곡과 능선이 있는 풍경이 눈앞에 펼쳐진다고 상상하면서 얼굴의 각 부분이 차지하는 크기와 비례를 따진다면 자신의 얼굴을 훨씬 객관적으로 관찰할 수 있지.

이제 그림을 그릴 차례야. 비교적 무른 스케치용 연필로 가볍게 얼굴의 윤곽선을 그리는데, 산들바람처럼 가볍게 그리는 게 요령이야. 꼭 굵고 진하게 그릴 필요는 없어. 가볍게 스치듯이 희미하게 그리면서 느낌을 짚어 내는 것도 괜찮은 방법이지.

세밀하게 관찰하고
솜씨를 뽐내 봐.

풍경 위로 햇살이 비치고 있어. 언덕과 계곡에 빛이 비치고 그림자가 드리우는 것처럼 얼굴에도 밝고 어두운 부분이 생길 거야. 이제 높이 튀어나온 부분과 깊이 들어간 부분의 명암을 구분하고 조금씩 부분들 사이의 연관성을 더해 가는 거야. 이렇게 연필로 그리는 동안 차츰 눈, 코, 입술, 턱, 이마의 형태가 드러나기 시작할 거야.

어때, 나도 화가가 될 수 있을 거 같다는 용기가 마구 샘솟지 않아?

안녕?

2

렘브란트의 흔적, 자화상

■ 수록 작품
알브레히트 뒤러 〈엉겅퀴를 든 자화상〉 1493년, 캔버스에 유화, 57x45cm, 파리 루브르 박물관 (23쪽)
렘브란트 〈자화상〉 1629년, 나무판에 유화, 15.5x12.7cm, 뮌헨 고전회화관 (25쪽)
렘브란트 〈레이덴의 역사화〉 1626년, 나무판에 유화, 90.1x121.3cm, 레이덴 시립미술관 데 라케날 (27쪽)
렘브란트 〈작업실의 화가〉 1629년경, 나무판에 유화, 25.1x31.9cm, 보스톤 조형미술관 (29쪽)

렘브란트 꼬맹이 알브레히트 뒤러의 자화상은 너무 귀여워. 나중에 알브레히트 뒤러가 청년이 되고 나서 그린 자화상도 여러 점 남아 있어. 모두 거울을 보고 그렸을 거야. 그 당시에는 드물긴 하지만 여류 화가들의 자화상도 몇 점이 전해지고 있어. 그러나 뭐니 뭐니 해도 자화상이라면 렘브란트를 빼고 말하기 어려워. 자화상을 얼마나 많이 그려 댔는지 자화상의 황제라고 불러도 무방할 정도거든.

알브레히트 뒤러의 자화상

렘브란트의 원래 이름은 렘브란트 하르멘스존 반 레인이야. 레인은 라인 강이고, 하르멘스존은 하르멘의 아들이란 뜻이니까, 라인 강변에 사는 하르멘의 아들 렘브란트라고 읽으면 되겠지.

알브레히트 뒤러와 달리 렘브란트는 소년 시절의 자화상이 없어. 자화상은커녕 변변한 그림이 하나도 없지. 가장 이른 작품이 스물두 살이 되던 1628년에 레이덴에서 그린 그림이니까.

네덜란드에서 꽤 번성하는 도시였던 레이덴은 렘브란트의 고향이야. 방앗간 집 아들로 태어난 렘브란트는 그림 공부를 하는 데 경제적인 어려움을 겪지 않았어. 늘 호주머니가 가난했던 뒤러와는 딴판이었지. 그 당시에는 그림 재료를 장만하려면 꽤 돈이 들어서 가난뱅이 화가들은 어지간해서 일감을 따기가 어려웠다지.

렘브란트는 일곱 살에 학교에 들어가서 라틴어를 배웠어. 부모님 생각에는 여덟 명이나 되는 형과 누나 들에게 방앗간을 물려주고, 렘브란트에게는 다른 일을 가르치는 게 낫겠다 싶었나 봐. 라틴어도 배우

고 좋은 교육을 받으면 나중에 근사한 직업을 가질 수 있을 테니까.

그러나 딱히 학교 공부에 취미가 없었던 렘브란트는 화가의 길을 가기로 마음을 먹었어. 부모님은 마지못해 승낙했어. 레이덴에서 그림 공부를 시작한 렘브란트는 신화나 종교를 주제로 한 그림을 연습하면서 역사 화가가 되기 위한 견습 과정을 거쳤어.

첫 번째 스승으로부터 4년 동안 배운 뒤에 렘브란트는 고향을 떠나 암스테르담으로 진출했어. 더 넓은 세상을 체험하기 위해서였지. 인구 10만 명을 웃도는 암스테르담은 눈이 휘둥그레질만큼 큰 도시였어. 새로운 스승을 찾아서 열심히 공부한 렘브란트는 어엿한 역사 화가로 손색없는 실력을 갖추게 되었지. 구성을 짜는 법, 색채 사용법, 빛과 그림자의 균형을 맞추는 법을 배운 게 무엇보다 큰 성과였어.

렘브란트는 1625년경 레이덴으로 다시 돌아왔어. 이듬해인지도 몰라. 너무 오래전 일이라서 기록이 정확하지 않아. 레이덴에 돌아온 렘브란트는 당장 작업실을 차렸어. 주문이 쉴 새 없이 들어와서 즐거운 비명을 질러야 했지. 1628년에는 벌써 제자가 하나 생겼다고 해.

오른쪽 그림은 일감이 밀려서 한창 바빴던 1629년에 그린 자화상이야. 곱슬머리가 풀숲처럼 부풀어 올랐군. 렘브란트도 젊은 시절에는 머리를 빗지 않고 살았나 봐. 덤불처럼 무성한 머리카락 때문에 이마가 보이지 않네. 그렇지만 눈을 동그랗게 뜨고 우리를 쳐다보고 있군. 코끝, 한쪽 뺨, 그리고 귓불에만 빛이 떨어져서 얼굴 윤곽을 간신히 알아볼 정도야. 그래, 겉옷 바깥으로 하얀 옷깃도 보여.

렘브란트는 자화상을 그리면서 약간 얼굴을 돌렸어. 빛이 들어오는

배추 머리의 렘브란트

방향을 외면하고 반대쪽으로 고개를 젖히는 바람에 한쪽 귀가 완전히 사라져 버렸지. 그렇지만 시선은 정면을 향하고 있어. 두 눈이 정확히 정면을 바라보고 있다는 건, 화가가 거울을 보면서 자화상을 그렸다는 분명한 증거야. 거울과 캔버스를 좌우로 배치한 다음에 거울을 들여다보면서 자기 얼굴의 생김새를 하나하나 뜯어봤을 거야. 화가들은 항상 그런 방식으로 자화상을 그리거든.

레이덴 시절에 렘브란트는 자화상을 꽤 많이 그렸어. 옷차림새와 모자를 바꿔 가면서 그렸지. 어떤 자화상은 귀족처럼 근사하게 차려 입은 것도 있어. 대개는 초상 화가의 수수한 모습이지만. 사람의 얼굴을 다양하게 표현하는 건 초상 화가의 능력에 달렸어. 렘브란트는 훌륭한 초상 화가가 되려고 자신을 모델로 삼아서 연습을 한 거지. 초상화를 주문하는 사람들은 으레 자기 얼굴을 이렇게 저렇게 그려 달라고 요구하게 마련이거든. 그 장단을 맞추려면 평소에 훈련을 해 두어야 했지.

그렇지만 렘브란트는 초상 화가에 머무를 생각이 없었어. 언젠가 역사 화가로 성공하기 위해서 준비를 했어. 역사화에 등장하는 다양한 인물들을 표현하려면 얼굴의 생김새뿐 아니라 감정이 드러나는 표정에도 능숙해야 해. 역사화에는 서 있는 사람, 앉은 사람, 기사, 왕, 군인, 포로와 노예까지 정말 별별 인물들이 다 나오거든.

가만 있자. 오른쪽 그림에서 왕홀을 든 국왕 뒤쪽에 곱슬머리 청년이 하나 얼굴을 내밀고 있군. 어디서 본 듯한데? 옳지, 조금 전에 본 곱슬머리 자화상하고 꼭 **빼닮았잖아**. 제 얼굴을 역사화에다가 그것도 국왕 옆자리에 그려 넣다니, 렘브란트는 꽤 대담한 화가였던 것 같아.

국왕의 왕홀 뒤쪽에
곱슬머리 청년은
렘브란트의 얼굴을
빼닮았어.

작업실의 화가 1629년에 렘브란트는 스물세 살이 되었어. 혼자 힘으로 작업실을 장만하고 제자도 여럿 두었지. 이름이 남아 있는 제자만 둘이니까, 실제로는 더 많았을 거야.

렘브란트는 얼마 전에 네덜란드 덴학에 사는 권력자로부터 그림 열 넉 점을 주문 받고 날아갈 듯한 기분이었어. 부유하기로 소문난 데다 국왕과 어깨를 겨룰 만한 권력을 가진 사람으로부터 그림 주문을 받았으니, 레이덴의 다른 화가들이 꿈도 못 꿀 거금을 쥐는 건 시간문제였지. 게다가 명성을 얻을 수 있으니 꿩 먹고 알 먹고지 뭐야.

렘브란트는 이때 들어온 일감 말고도 특별한 자화상을 한 점 제작했어. 작업실에 우두커니 서 있는 화가의 모습이 담긴 그림이야.

그림을 그리다가 잠시 멈춘 걸까? 그림 속의 렘브란트는 손에 붓과 팔레트를 들고 있어. 이전에 이런 식의 그림을 그린 화가는 하나도 없었지. 널찍한 방에 그림 한 점이 이젤 위에 놓여 등을 보이고 있고, 몇 걸음 떨어져서 화가가 그림을 응시하고 있는 장면이야. 어떤 그림이 그려져 있는지는 보이지 않지만, 화가의 눈빛과 표정을 통해서 무언가 느낌이 전해지는 것 같아. 또 창문은 안 보이지만, 창을 통해서 방 안으로 들어오는 빛은 마룻바닥을 환하게 비춰 주는군.

렘브란트는 챙이 넓은 검은 모자를 머리에 쓰고 두툼한 옷을 여러 겹으로 껴입고 있어. 붓을 든 손으로 기다란 막대기를 하나 붙잡고 있는데, 이건 붓질할 때 손이 떨리지 않게 손을 받치는 도구야. 화가라면 누구나 하나쯤 가지고 있는 썩 유용한 도구지.

뒤쪽에 어슴푸레 보이는 탁자에는 기름병과 물감을 담은 그릇 따위

화가가 작품을 살펴보고 있어.

가 놓여 있어. 또 뒷벽에 기대어 둔 나무절구 위로 여벌의 팔레트 하나가 새색시처럼 얌전하게 걸려 있군.

이젤에 놓인 건 아마천으로 만든 캔버스가 아니라 나무판을 붙여서 제작한 패널이야. 이 그림에서 보는 것처럼 렘브란트는 젊은 시절에 주로 나무 패널에 그림을 그리곤 했어. 나중에는 아마천 캔버스를 더 많이 사용했지만 말이야. 캔버스는 나무판보다 가벼워서 운반도 쉽고 벽에 걸기도 간편한 장점이 있어. 또 필요에 따라서 액자를 제거하고 돌돌 말아서 보관할 수도 있으니 인기를 끌 수밖에. 더군다나 렘브란트는 나중에 레이덴뿐 아니라 암스테르담이나 멀리 이탈리아에서도 작품을 사려고 줄을 서는 유명 화가가 되었으니, 나무 패널 대신에 캔버스에다 그림을 그릴 수밖에 없었어.

그런데 이 그림은 벌써 다 그린 걸까, 아니면 아직 미완성 상태일까? 그림을 돌려놓았으니 도대체 알 수가 없군. 그렇지만 렘브란트의 속셈을 짚어 볼 순 있겠지. 아마 그림을 밝은 곳에 끌어다 놓고 자기가 실수한 부분이 없는지 그림을 꼼꼼히 살펴보고 싶었던 모양이야. 처음에 머릿속에서 구상했던 그림과 비슷하게 진행이 되었는지, 그림을 그리는 동안에 이상하게 흘러가지 않았는지 중간 점검을 하고 있는 게 아닐까 싶어.

앞서 채식 필사본 그림에서 보았던 구다 수녀는 손을 큼직하게 그렸어. 기억나지? 벌써 까먹은 거 아니야? 그래, 구다 수녀는 그림을 그리는 데에 손이 아주 중요한 도구라고 생각해서 그렇게 강조를 했어. 렘브란트도 마찬가지야. 렘브란트에게는 화가의 손 못지않게 빛이 중요했던 거야. 그래서 작업실 공간을 말끔히 치우고 빛을 환하게 받고 있는 그림을 관찰하는 자화상을 그린 거야. 붓과 팔레트도 잊지 않았어. 심지어 손 받침 막대기까지.

  손 받침 막대기는 이렇게 사용하는 거야. 우선 나무 패널이나 캔버스에서 말라 있는 부분에 가죽이나 헝겊을 걸치고 그 위에 막대기의 한쪽 끝을 대는 거야. 그리고 다른 끝은 왼손으로 붙들지. 그 다음 막대기 위에 붓을 쥔 오른손을 걸치고 천천히 그림을 그리는 거야. 손이 떨리거나 붓이 미끄러질 염려가 없으니 작은 부분을 정확히 그릴 경우에 아주 그만이야.

  작업실의 화가를 소재로 삼다니 렘브란트는 화가라는 직업에 대해서 자부심과 흥미를 느꼈던 것 같아. 그 시대에 네덜란드에서는 화가를 품삯이나 받고 일하는 날품팔이 정도로 여겼기 때문에, 다른 화가들은 자기 작업실 풍경을 그릴 생각조차 못 했다고 해. 화가도 조각가나 건축가와 비슷한 대우를 받았던 이탈리아와는 사정이 딴판이었던 셈이지. 그렇지만 렘브란트는 생각이 달랐어. 화가는 손재주뿐 아니라 재능과 철학과 자부심도 있어야 한다고 보았으니까. 이 그림을 그리면서 화가도 의사나 건축가나 작곡가에 뒤지지 않는 고귀한 직업이라는 의식을 가지고 있었던 거야.

렘브란트는 〈작업실의 화가〉를 그리면서 화가의 신분에 대한 자부심을 드러냈어. 우리는 어떤 그림을 그려 볼까? 렘브란트의 가르침을 따라서 학교 숙제를 하려고 책상에서 열심히 애쓰는

우리의 자화상을 그리면 어떨까?

  우선 책상 위에 어떤 것들이 있는지 정확히 관찰하는 게 순서야. 지금 당장 책상을 관찰하라는 건 아니야. 책상이 지저분하다면 정리정돈부터 시작하는 거야.

  싫다고? 그럼 지저분한 상태 그대로 그려도 상관없어. 제 맘이지 뭐. 하지만 정돈 안 한 책상이 그리기에 더 어렵다는 사실을 곧 깨닫게 될 거야.

새로운 도전 판화

■ **수록 작품**
렘브란트 〈고함을 지르는 자화상〉 1630년, 동판화, 8.1x7.2cm, 베를린 동판화 수집실 (37쪽)
렘브란트 〈껄껄 웃는 자화상〉 1630년, 동판화, 5x4.4cm, 하를렘 테러스 박물관 (37쪽)
렘브란트 〈노려보는 눈빛의 자화상〉 1630년, 동판화, 5.1x4.6cm, 베를린 동판화 수집실 (37쪽)
렘브란트 〈십자가 강하〉 1633년경, 나무판에 유화, 89.4×65.2cm, 뮌헨 알테 피나코테크 (38쪽)
렘브란트 〈구걸하는 거지로 분한 자화상〉 1630년, 동판화, 11.6x7cm, 하를렘 테러스 박물관 (39쪽)
렘브란트 〈웃는 남자〉 1629년경, 동판에 유화, 15.5x12.5cm, 덴학 마우리츠호이스 (41쪽)
로비스 코린트 〈자화상의 표정 습작〉 1910년, 소묘, 51.5x34cm, 브레멘 쿤스트할레 (44쪽)

동판화 렘브란트는 팔방미인이었나 봐. 그림 솜씨, 소묘 솜씨만 해도 단연 발군이었는데, 판화까지 넘보기 시작했거든. 여러 가지 방법으로 더욱 다양하게 표현하고 싶은 욕심에서 그랬을 거야.

판화도 알고 보면 꽤 재미 있어. 그 가운데 목판화와 동판화가 가장 중요하지. 렘브란트는 동판화에 관심이 많았어. 목판화는 나무판을 깎아 내기 때문에 투박하고 거친 느낌이 들어. 하지만 동판화는 훨씬 다양한 표현이 가능하기 때문에 조금 더 복잡하긴 해도 익숙해지면 흠뻑 빠져드는 매력이 있어.

렘브란트는 1628년부터 동판화를 시도했는데, 처음부터 완성도가 높은 수작들을 선보이기 시작했지. 평생 300여 점의 동판화 작품을 완성했어. 분량도 그렇지만 하나같이 감탄을 자아내지.

동판화는 표면에 밀랍 처리를 해 둔 아연판이나 동판을 사용하는데, 끝이 뾰족한 철필로 선을 그리면 밀랍이 벗겨지게 되지. 그 다음 산에 담그면 밀랍이 벗겨진 부분이 부식되어서 깊은 골을 만들어. 여기까지

동판화 작업에 필요한 도구들
동판과 철필, 롤러

가 원판의 제작 과정이야.

원판이 완성되면 밀랍을 제거하고 롤러로 잉크를 바르는 거야. 그리고 원판 위의 잉크를 다시 긁어 내면 아까 산에 부식되어서 깊이 패인 골에만 잉크가 남게 되지. 그 위에 종이를 올리고 프레스에 넣어서 강한 압력으로 눌러 주면 골에 채워져 있던 잉크가 스며들어서 판화가 완성되는 거야.

판화를 찍어 내는 종이는 약간 눅눅하고 잉크가 잘 스며드는 부드러운 재질을 골라야 그림이 제대로 나오지. 잉크 색깔을 꼭 검은색으로 고집할 필요는 없겠지.

찡그린 표정 1629년 렘브란트는 초상 화가라고 자부할 만한 작품들을 여러 점 제작했어. 꽤 괜찮은 자화상 몇 점과 〈작업실의 화가〉가 이 시기에 그려진 작품들이야.

그런데 이듬해 렘브란트는 엉뚱한 실험을 시작했어. 얼굴을 찡그리고, 이마를 찌푸리고, 고함을 치고, 껄껄 웃고, 주름을 잔뜩 잡은 얼굴을 한 자화상을 만든 거야. 더군다나 붓으로 그리지 않고 이런 해괴망측한 표정들을 동판화 기법으로 찍어 냈어.

물론 동판화를 새기기 전에 소묘로 밑그림을 잡았겠지. 뭐든지 하늘에서 뚝 떨어지는 법은 없으니까. 어떤 동판화 자화상은 배추 머리를 한 자화상(25쪽)과 놀랄 정도로 닮아 있기도 해. 입술을 벌린 채 눈을 동그랗게 뜨고 있는 표정이 천상 닮은 꼴이지 뭐야. 모자를 턱 쓰고 있

왼쪽 위 : 고함을 지르는 자화상
오른쪽 위 : 껄껄 웃는 자화상
왼쪽 아래 : 노려보는 눈빛의 자화상

는 모습도 보이네. 동판화로 실험한 오만 가지 표정의 자화상은 잘 간직했다가 나중에 요긴하게 써먹게 되지.

입을 벌리고 눈을 동그랗게 뜨고 있는 모습은 그리 점잖아 보이진 않는군. 그렇다면 렘브란트는 왜 이처럼 체통 떨어지는 모습을 작품으로 남긴 걸까? 혹시 고통이나 절규와 같은 극적인 감정 상태를 시각적으로 표현해 보고 싶었던 게 아닐까? 답은 영원히 알 수 없을 거야. 렘브란트가 입을 다물고 있는 한. 어쨌든 이런 작품은 제목을 붙이기도 어정쩡해서 우린 그냥 〈껄껄 웃는 자화상〉, 〈고함을 지르는 자화상〉 이런 식으로 부르고 있어.

렘브란트는 괴상한 표정을 짓고 있는 자화상뿐 아니라 골목 귀퉁이에 걸터앉아서 구걸하는 거지의 모습으로 자신을 표현하기도 했어. 도대체 화가의 머릿속에는 뭐가 들어 있는지 궁금해. 거지는 지금 "한 푼 줍쇼."라고 하면서 행인들에게 마구 소리를 지르는 것 같아.

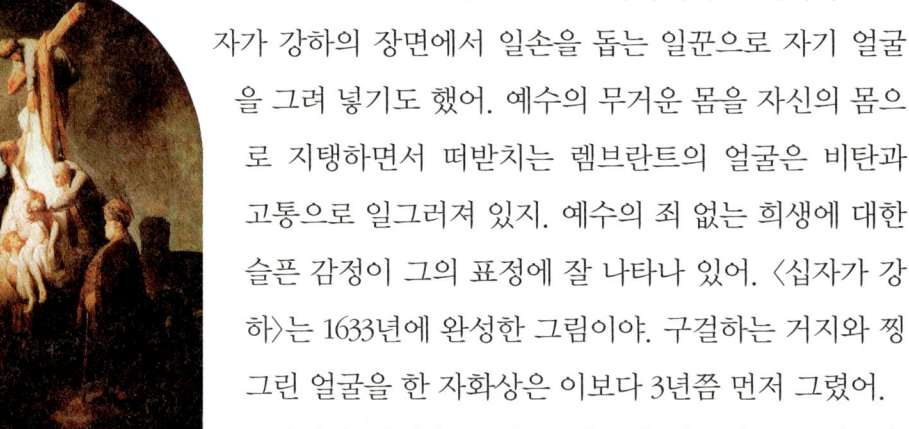

십자가 강하

렘브란트는 또 예수의 시신을 십자가에서 끌어내리는 십자가 강하의 장면에서 일손을 돕는 일꾼으로 자기 얼굴을 그려 넣기도 했어. 예수의 무거운 몸을 자신의 몸으로 지탱하면서 떠받치는 렘브란트의 얼굴은 비탄과 고통으로 일그러져 있지. 예수의 죄 없는 희생에 대한 슬픈 감정이 그의 표정에 잘 나타나 있어. 〈십자가 강하〉는 1633년에 완성한 그림이야. 구걸하는 거지와 찡그린 얼굴을 한 자화상은 이보다 3년쯤 먼저 그렸어.

자화상 연작을 보면 주인공인 렘브란트는 얼굴을

구걸하는 거지로
분한 자화상

왼쪽이나 오른쪽으로 돌리고 있는 걸 알 수 있어. 동판화에서 흥미로운 건, 소묘를 그리고 그걸 밑그림으로 삼아서 판에 새기면 종이에 찍어 낼 때는 좌우 방향이 바뀐다는 사실이야. 마치 거울에 비친 모습처럼 말이야. 그러니까 오른쪽으로 고개를 돌린 동판화 자화상은 처음 준비 소묘 단계에서는 고개를 왼쪽으로 돌리고 있었다는 걸 알 수 있지. 그리고 동판화에서 고개를 왼쪽으로 돌리고 있으면 준비 소묘에서는 보나마나 오른쪽이었을 거야. 어때, 간단하지?

렘브란트는 찡그리거나 놀란 표정 말고도 활짝 웃는 얼굴도 그렸어. 보는 사람도 배꼽을 잡는 재미난 그림이야. 1629년에 그린 〈웃는 남자〉도 자화상인데, 렘브란트는 거울 보랴 관찰하랴 그림 그리랴 무척 분주했을 거야.

이 그림은 우리가 보았던 다른 자화상들처럼 습작의 성격을 띠고 있지. 특정한 감정 상태를 드러내는 여러 가지 표정 연구라고 불러도 좋겠지. 이런 습작들이 많이 쌓이면 정식으로 역사화를 그릴 때 요긴하게 활용할 수 있어.

〈준비물〉
유리판이나 아크릴 판, 물감, 롤러, 종이

렘브란트의 동판화 자화상을 살펴보면서 우리는 작품을 인쇄해서 찍어 내기 전에 먼저 밑그림을 그리고 철필로 원판을 긁어 내는 단계가 있었다는 사실을 짚어 둘 필요가 있어.

동판화에 솜씨가 뛰어난 화가라도 처음부터 굵은 선을 마구 긁어 대기는 어렵지. 가느다란 선으로 조심스럽게 시작해서 차츰 굵은 선으로 나가는 게 아무

웃는 남자

자기 얼굴
그려 보기

래도 안전하겠지.

　앞에서 우리도 거울을 보면서 자화상 그리기를 연습했잖아. 얼굴의 형태를 결정하는 윤곽선을 잡아 내는 것도 쉽지 않았지만, 얼굴에 밝고 어두운 부분을 구분해서 가느다란 선으로 그림자를 표현하는 것도 어려운 과제였어. 그럴 때는 얼굴을 하나의 풍경이라고 생각하고 표정의 생동감을 살려야 한다고 설명했지.

　붓으로 그리는 방법 말고도 자화상을 그리는 방법이 또 있어. 렘브란트가 그랬던 것처럼 판화 기법을 활용하는 거야. 그렇지만 동판화를 새기고 찍어 내는 건 가격도 만만찮고, 작업 과정이 꽤 번거로우니까 다른 간편한 방법을 찾아보기로 해. 동판화 한 장 얻으려고 작업 도구를 일일이 갖추고 비싼 프레스까지 장만하고 어느 세월에 그걸 하겠어?

프레데리크와
도나타가 만든
모노타이프 판화

그 대신 누구나 집에서 간편하게 따라 할 수 있는 판화가 있어. 모노타이프라고 해. 모노타이프는 여러 점을 찍는 복수 판화가 아니라 단 한 장밖에 만들지 못한다고 해서 단수 판화로 부르기도 해.

유리판이나 아크릴 판 또는 금속판 어느 것이라도 좋아. 평평한 면을 가진 판을 하나 준비하는 거야. 그 위에 수채화 물감이나 잘 마르는 아크릴물감 등을 이리저리 뿌리거나 롤러로 밀면서 마음먹은 형상을 표현하지.

그리고 물감을 바른 판 위에 아주 조심스럽게 종이를 올리는데, 종이가 미끄러지지 않고 바닥에 밀착될 수 있도록 한쪽 변부터 살살 붙여 가는 게 요령이야.

물감이 종이에 잘 들어붙었다는 판단이 들면 종이를 살살 떼어 내는 거야. 너무 오래 두면 풀로 붙인 것처럼 완전히 굳어 버리는 수가 있으니까 말이야.

이제 마지막으로 물감이 묻은 종이에다 윤곽선을 그릴 차례야. 눈, 코, 입, 머리카락을 그려 넣으면 이제 사람 얼굴처럼 보일 테지. 윤곽선을 먼저 그리고 판에 있는 물감을 묻혀도 상관없어. 순서가 바뀌면 다른 효과가 나오니까 비교해서 보는 것도 좋겠지.

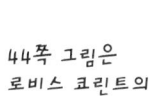

44쪽 그림은 로비스 코린트의 자화상 습작

모노타이프는 똑같은 그림을 한 차례밖에 못 찍는 판화야. 그러니까 판에 물감을 다시 발라 주어야 새로 찍을 수가 있어. 새로 그릴 때마다 다른 판화가 나오겠지. 물론 작업을 마치고 다시 시작하기 전에 사용한 판을 깨끗이 닦아 주어야 한다는 건 잊지 말도록.

또 판화를 찍어 내고 보니 한쪽이 너무 무겁다거나 너무 밝다거나 하면 조금씩 조정을 해 가면서 개선할 수 있는 게 모노타이프의 장점이기도 해. 종이도 꼭 스케치북만 찢어서 쓸 게 아니고 복사 용지, 소포 용지, 마분지, 재생지, 포장지 등 눈에 띄는 대로 실험을 해 보는 거야. 물감과 종이의 종류에 따라서 이미지가 주는 느낌이 조금씩 다른 것을 알 수 있어.

렘브란트의 표정 실험은 다른 예술가들에게도 영감을 주었어. 특히 끙끙 앓는 표정으로 오만상을 찌푸리거나 실없이 멍한 얼굴, 또 호탕하게 웃음을 터뜨리는 표정이 인기가 있었지.

로비스 코린트(Lovis Corinth 1858~1925)도 렘브란트처럼 표정 실험을 시도했지. 1900년대 초였을 거야. 로비스 코린트는 온갖 표정을 지으면서 자기 얼굴을 그렸어. 그렇게 표정을 관찰하여 그린 낱장 그림이 발견되었지 뭐야. 아마 표정의 변화를 포착하려고 수없이 거울을 들여다 보았겠지?

44쪽 그림에서 한복판에 있는 자화상은 꽤 진지한 표정이야. 정장을 차려입고 겉옷까지 걸쳤군. 오른손에는 소묘 도구도 들고 있어. 왼손처럼 보이지만 거울에 비쳐서 그렇게 보인다는 걸 이제는 알겠지?

자화상 하나로 만족할 수 없었던 건지 로비스 코린트는 낱장의 여백에 자기 얼굴을 일곱 차례나 더 그렸어. 얼굴 한 부분을 과감하게 생략한 것도 보이는군. 그래도 어떤 감정, 무슨 표정을 짓고 있는지 얼굴 하나하나에서 확인할 수 있어.

아마 로비스 코린트는 렘브란트가 그린 동판화 자화상도 열심히 연구했던 것 같아. 실제로 렘브란트가 지었던 것과 비슷한 표정들이 있잖아. 이런 건 결코 우연으로 볼 수 없어.

가령 왼쪽 아래 귀퉁이에 코와 입술만 보이는 로비스 코린트의 자화상을 보면 눈을 동그랗게 뜨고 입술을 오므린 렘브란트의 동판화 자화상(37쪽 왼쪽 아래 그림)과 쌍둥이처럼 빼닮았어. 동그랗게 오므린 입술 가운데로 바람이 솔솔 새는 것까지 말이야.

또 왼쪽 위에 고개를 뒤로 젖힌 로비스 코린트의 얼굴은 거지로 분한 렘브란트의 얼굴과 비교하면 그야말로 완벽한 판박이야. (39쪽 그림)

〈준비물〉
거울, 다양한 그림 도구

렘브란트와 로비스 코린트는 표정 연구의 대가들이야. 눈썹, 이마 주름, 입술 가장자리 주름을 아주 조금씩 변형시켰을 뿐인데 변화무쌍한 표정들이 나오는 걸 보면 신통하기 그지없어.

우리도 한번 해 볼까? 거울은 준비되었겠지? 얼굴을 활짝 폈다가 다시 인상을 구겼다가 하면서 관찰을 하는 거야. 눈, 코, 입, 눈썹, 이마 주름을 움직이다 보면 아주 작은 변화를 통해서 무한한 표정의 변화가 일어나는 걸 알 수 있지.

거울이 없으면 남의 얼굴을 그려도 괜찮아. 그리고 눈동자나 눈썹이나 입의 형태를 조금씩 바꾸면서 확연하게 달라지는 느낌을 비교해 봐.

거울을 보고
여러 가지 표정을 지어 봐.

4

날 따라 해 봐요 이렇게!

■ 수록 작품

렘브란트 〈돌아온 탕자와 술집 여자로 분한 렘브란트와 사스키아의 부부 초상〉
1635~1636년, 캔버스에 유화, 161x131cm, 드레스덴 고전거장미술관 (53쪽)

렘브란트 〈야경〉 1642년, 캔버스에 유화, 363x437cm, 암스테르담 국립미술관 (57쪽)

루벤스의 원작 〈챙 넓은 모자를 쓴 자화상〉을 보고 파울루스 폰티우스가 새긴 동판화.
1630년, 동판화, 36.6x27cm, 암스테르담 국립미술관 (58쪽)

렘브란트 〈챙 넓은 모자를 쓴 자화상〉 1631년, 동판화, 14.8x13cm, 런던 영국박물관 (59쪽)

신디 셔먼 〈무제 209번〉 1989년, 사진 (60쪽)

라파엘로 산치오 〈엘리사베타 곤차가〉 1505년경, 나무판에 유화, 52.5x37.3cm, 피렌체 우피치 미술관 (61쪽)

레오나르도 다빈치 〈모나리자〉 1503년, 나무판에 유화, 76.8x53.3cm, 파리 루브르 박물관 (61쪽)

레오나르도 다빈치 〈체칠리아 갈레라니〉 1483~1490년, 나무판에 유화, 56.2x40.3cm, 크라카우 차르토리스키 박물관 (61쪽)

역할극 레이덴에서 작업을 하면서 렘브란트는 조금씩 고객층을 넓히기 시작했어. 대도시 암스테르담의 미술 상인 오일렌뷔르히와 손을 잡고 작품을 몇 점씩 보내면 금세 팔리곤 했어. 그러나 목돈을 벌려면 미술 상인을 통하는 것보다 부유한 고객과 만나서 직거래를 하는 편이 더 나았지. 본격적으로 발을 들이려면 아무래도 레이덴처럼 작은 도시에 안주해서는 한계가 있었어.

마침내 렘브란트는 암스테르담으로 본거지를 옮기기로 결심했어. 이주가 언제였는지 정확히 알긴 힘들어. 아마 1631년이나 1633년쯤이었을 거야.

처음 암스테르담에 도착해서는 미술 상인의 도움을 받아야 했지만 1634년 암스테르담 시에서 인정하는 장인 자격을 새롭게 취득하면서 독립 공방을 운영할 수 있게 되었어. 작품에 제 이름을 붙여서 판매할 수 있게 되었으니 그야말로 날개를 단 격이었지. 당시 암스테르담에는 대도시답게 수많은 예술가들이 활동하고 있었어. 때문에 서로의 이해관계가 충돌하는 좋지 않은 일들이 발생하기도 해서 자격 심사가 무척 까다로웠다고 해.

렘브란트의 삶에서 중요한 만남이 이루어진 것도 바로 이 시기였어. 아내 사스키아를 만난 거지. 사스키아는 미술 상인의 조카였는데, 뼈대 있는 귀족의 혈통이었대. 두 사람은 1634년에 결혼했어. 렘브란트로서는 하늘에서 떨어진 횡재를 거머쥔 거나 마찬가지였어. 방앗간 집 아들로 태어나서 고귀한 귀족의 신분으로 발돋움하게 되었으니 말이야. 암스테르담의 귀족 가문들과 교류를 트게 된 것도 엄청난 수확이

* 지참금
신부가 시집을 갈 때 친정에서 가지고 가는 돈.

었지만, 사스키아가 결혼할 때 천문학적인 지참금^{*}을 가지고 와서 렘브란트의 입이 떡 벌어지고 말았어.

렘브란트의 그림에 사스키아가 등장하게 된 건 아주 당연한 일이었어. 이 그림은 결혼하고 나서 이듬해 1635년에 그렸고, 성서에 나오는 돌아온 탕자의 이야기를 주제로 하고 있지.

탕자는 방탕한 아들이라는 뜻이야. 예수가 제자들에게 해 주었다는 비유 이야기 가운데 하나인데, 무척 감동적인 내용을 담고 있지. 그런데 이 그림의 두 주인공이 바로 렘브란트와 사스키아란 거야. 돌아온 탕자 이야기 줄거리 좀 들려줄까?

어떤 사람이 아들을 둘 두었는데, 말 잘 듣는 큰 아들과 달리, 둘째 아들은 유산을 빨리 상속해 달라고 졸랐대. 하고 싶은 일도 하고 맘껏 돈을 써 보고 싶었나 봐.

돈을 챙겨서 집을 나간 작은 아들은 실컷 돈과 인생을 탕진하고는 결국 알거지가 되어서 돼지우리에서 먹이나 씹는 신세로 전락하고 말았대. 후회의 눈물을 흘리던 작은 아들은 아버지가 있는 옛집으로 돌아왔어. 그런데 작은 아들의 그릇된 행동에 화를 낼 줄 알았던 아버지는 오히려 반갑게 맞으며 어깨를 끌어안아 주었어. 심지어 소를 잡고 잔치를 벌여서 돌아온 탕자를 위로했대.

렘브란트의 그림에서는 작은 아들이 음식을 떡 벌어지게 차려 놓은 유흥가에서 여자를 희롱하며 돈을 물 쓰듯 하는 장면을 재현하고 있어. 아직은 주머니에 돈이 두둑할 때라 세상이 돈짝만 하게 보였을 거야. 작은 아들은 세상에 부러운 게 없는 표정이야. 못된 욕망을 채우기

돌아온 탕자의
역할극을 하는
렘브란트와
사스키아

위해서 재산을 탕진하면서도 부끄러운 기색이 하나도 없어. 렘브란트는 탕자에게 자신의 얼굴을 그려 넣으면서 무슨 생각을 했을까?

렘브란트, 아니 탕자는 향기로운 술과 기름진 음식을 앞에 두고 자신의 재력을 으스대고 있어. 조금 낡은 듯한 장교의 제복을 입고, 머리에는 깃털로 장식한 모자를 쓰고 있어. 허리춤에는 장검도 한 자루 차고 있군. 지금 몸을 반쯤 돌려서 우리한테 건배 한번 하자며 술잔을 치켜들고 술판 분위기를 돋우는 중이야.

탕자의 무릎 위에 앉은 젊은 술집 여자가 사스키아의 얼굴을 하고 있는 건 벌써 말했지. 사스키아도 우리를 보고 있네. 그런데 왼쪽 벽에 붙어 있는 검은색 판자는 뭘까? 그건 별게 아니야. 술집 주인이 판자에다 오늘 저녁에 마신 술값을 기록해 둔 거야.

렘브란트가 처음 이 그림을 그렸을 땐 그림 크기가 훨씬 컸대. 식탁에는 음식과 술도 더 많이 올려져 있었겠지. 그런데 양쪽 가장자리가 잘려 나가면서 지금은 술집에서 즐기는 탕자 이야기의 두 주인공 말고는 거의 남아 있지 않게 되었어.

이 그림을 두고 렘브란트가 자신과 사스키아의 신혼 시절 모습을 담은 기록이라고 보기도 해. 얼핏 그럴듯한 주장이지만, 굳이 자신의 생활을 성서 이야기 틀에 맞추고 싶었을까? 그것도 방탕한 인간의 전형인 돌아온 탕자의 역할로!

우리는 연극이나 영화를 보면서 배우가 연기하는 삶과 배우 자신의 삶을 동일하게 보지는 않지. 렘브란트 시대의 사람들도 그림 속 인물과 역할 모델의 삶을 동일하게 보지 않았어.

도미니크는 타잔 역할을 하고 싶었나 봐.

〈준비물〉
도화지, 물감, 털실, 내용이 등 꾸미기 재료

렘브란트와 사스키아가 역할극의 모델이 된 것처럼 우리도 다른 사람의 역할을 흉내 내는 놀이를 해 보기로 해.

동화 나라의 임금님이나 모험왕이 된 자신을 상상하는 거야. 인기 절정의 야구 선수나 해적선 선장도 괜찮겠지. 제각기 자기 모습을 도화지에 그린 다음에 수염을 붙이거나 옷을 입히는 거야. 잡지, 전단지, 색종이, 포장지, 반짝이, 털실, 솜 등 쉽게 구할 수 있는 재료를 붙여서 역할에 어울리는 의상을 갖추어 주면, 짜잔! 변신 성공!

마르틴은 경찰관으로

마리에타는 공작부인으로 변신했어.

화가로 승승장구한 렘브란트 사스키아와 함께 돌아온 탕자의 주인공으로 부부 초상화를 그리던 무렵 렘브란트는 이미 유명한 화가로 알려졌어. 그림은 그리기 무섭게 날개 돋친 듯 팔려 나갔고, 3년 뒤에는 암스테르담 최고의 고급 주택가에 으리으리한 저택을 마련할 수 있었지. 이때쯤이었을 거야. 암스테르담의 시민 사수대로부터 엄청난 크기의 집단 초상화를 주문 받은 게 말이지.

시민 사수대란 자발적인 시민들의 조합으로, 시민들을 보호하고 도시의 안녕을 수호하기 위해 무기를 들고 순찰과 방범을 담당하는 자치 모임이었어. 암스테르담 시민 사수대를 그린 이 그림은 〈야경〉이라는 제목으로 알려진 명작이야. 이 그림의 성공에 힘입어 렘브란트는 당대 최고의 명성을 누리게 되었어.

그렇게 부와 명예를 거두었지만, 막상 집안 사정은 그리 행복하지 못했어. 아내 사스키아는 아이를 셋 낳았는데 모두 태어나고 몇 주 지나지 않아서 숨을 거두고 말았어. 1641년에 태어난 아들 티튀스만 가까스로 살아남았지. 그런데 이번에는 갓난아기 티튀스가 첫돌을 넘기기도 전에 사스키아가 세상을 떠났어. 렘브란트는 눈앞이 캄캄했대. 아기를 키우려면 당장 젖을 먹일 유모가 필요했어. 그러다가 때마침 헤르트헤를 하녀로 들이면서 아기의 육아 문제는 한시름 놓게 되었지.

다시 붓을 든 렘브란트는 역사화, 풍경화, 시민 초상화 등을 닥치는 대로 그려 댔어. 물론 자화상도 무던히 그렸지. 자화상을 다 모으면 일흔 점이 넘으니 말 다했지 뭐야. 자화상을 차례대로 펼쳐 보면 젊었을 때부터 노인이 될 때까지 잘 정리된 사진 앨범을 들추는 것 같아.

이 그림 안에도 렘브란트가 숨어 있어.
한번 찾아봐.

물론 사진과 그림은 다르지. 사진은 찰칵하면 찍히지만, 그림은 그리는 시간을 많이 잡아먹지. 그래서 그림을 그리는 동안 어떤 자세, 어떤 표정을 취하는 게 좋을지 또 어떤 모습이 어울릴지 생각을 되풀이하면서 진행할 수밖에 없어.

렘브란트의 자화상 판화를 보면, 그 당시에 잘 알려져 있던 유명 인사들의 모습을 은근히 따라한 것 같은 작품들이 꽤 있어. 자신도 이제 명망 있는 유명 화가라는 사실을 뽐내고 싶었나 봐.

이 그림은 1631년에 그렸어. 아직 레이덴에 있었을까? 암스테르담으로 집을 옮긴 직후였을 수도 있지. 어쨌든 렘브란트는 자부심으로 똘똘 뭉쳐 있었을 거야. 배추 머리를 한 자화상(25쪽)보다는 머리가 조금 더 길었네. 더벅머리 총각 냄새가 말끔히 빠져서 제법 멋쟁이가 되었군. 근사한 펠트 모자에 레이스 달린 웃옷을 차려입으니 그럴 듯하지 뭐야.

루벤스의 자화상을 보고 새긴 동판화

모자는 루벤스를 흉내 낸 거야. 플랑드르가 낳은 위대한 화가 루벤스(Peter Paul Rubens 1577~1640)가 1623년에 이런 모자를 쓰고 자화상을 그렸다는 사실을 렘브란트도 잘 알고 있었거든.

꼭 모자 때문이라고 할 순 없겠지만, 렘브란트가 그린 자화상도 금세 유명해져서 동판화로도 제작되었다지. 동판화는 저렴한 가격으로 많이 찍어 낼 수 있어서 많이 팔렸어. 유화는 한 점밖에 없지만, 동판화는 수백 점씩 만드니까 어디서나 쉽게 볼 수 있지.

루벤스의 자화상과 똑같은 포즈를 취한 렘브란트

신디 셔먼의
르네상스 여인으로
분장한 자화상 사진

루벤스의 자화상에서 모자와 자세만 빌려 왔을 뿐인데, 똑같이 유명해지다니 사람 팔자란 게 참으로 요지경이란 말씀이야. 렘브란트는 "아니, 유명 인사 처음 봐?"라고 말하는 듯한 표정이야.

루벤스를 필두로 해서 렘브란트는 다른 유명 인사들의 초상을 본격적으로 흉내 내기 시작했어. 바늘 도둑에 재미를 붙이다가 어느새 소도둑이 된 거지. 가령 10쪽에서 만난 렘브란트의 자화상은 150년 전에 이탈리아 화가 라파엘로가 그린 궁정의 인물 초상을 경매 시장에서 보고 베껴서 그렸다고 해.

렘브란트뿐 아니야. 현대 작가 중에서도 역할 놀이를 창작의 소재로 삼는 사례들이 있어. 미국의 여류 사진작가 신디 셔먼은 1988년에서 1990년 사이에 역사적인 인물이나 명화의 주인공들처럼 분장한 자화상 연작을 선보였지. 이렇게 만든 자화상이 거의 쉰 점은 될 거야. 신디 셔먼의 초상 사진에는 제목이 없고 작품 번호만 적혀 있어. 어떤 명화에서 소재를 가져왔는지 정확히 알아내기 어려운 경우도 있어.

여기 209번 그림은 고풍스런 의상을 입은 옛날 여인의 모습인데, 500년쯤 전 이탈리아에서 입었던 궁정 복식이야. 의상만 본다면 신디 셔먼의 자화상은 도시 국가를 지배했던 여군주인 엘리사베타 곤차가의 1502년의 초상과 가장 가까워. 엘리사베타 곤차가는 초상화에서 얼굴

왼쪽 : 엘리자베타 곤차가
가운데 : 모나리자
오른쪽 : 체칠리아 갈레라니

과 어깨만 노출시키고 있는데 비해서 신디 셔먼은 두 손까지 드러나 있다는 점이 다르긴 하지. 얌전히 위 아래로 포개고 있는 두 손은 혹시 레오나르도 다빈치(Leonardo da Vinci 1452~1519)가 그린 모나리자로부터 가지고 온 게 아닐까? 게다가 신디 셔먼이 이마에 두른 가죽 띠 장식은 체칠리아 갈레라니의 이마 장식을 살짝 응용한 것처럼 보여.

신디 셔먼도 렘브란트가 그랬던 것처럼 명화 속 유명 인사의 명성을 빌려서 역할 놀이를 하고 싶었나 봐. 우리의 기억을 일깨우면서 말이야. 우리는 미술관이나 텔레비전 그리고 그림책에서 본 과거의 인물 초상들을 머릿속에 다시 떠올려야 해. 그리고 모자이크 그림을 끼워 맞추듯이 신디 셔먼의 의도를 읽어 내는 거야. 물론 작가의 속마음을 끄집어 내어서 보긴 쉽지 않을 거야.

실제로 한다하는 전문가들조차 신디 셔먼의 작품에 대한 해석에 의

견일치를 보지 못하고 있거든. 더군다나 신디 셔먼이 한 작품이 아니라 명화 여러 점으로부터 조금씩 힌트를 꺼내 놓기 때문에 문제는 엉킨 실타래처럼 뒤죽박죽이 되기 일쑤지.

　작가는 아리송한 작품을 가지고 우리를 골탕 먹이는 게 신나나 봐. 신디 셔먼은 일부러 그렇게 한 게 아닐까? 어떤 특정 인물로 분장한 게 아니고, 다양한 신분과 나이와 성품을 가진 인물들을 하나로 합쳐서 자신을 전혀 새로운 인물로 창조하려는 속셈이었을 거라는 생각이 들기도 해. 그랬다면 신디 셔먼은 그야말로 변신에 성공한 거지.

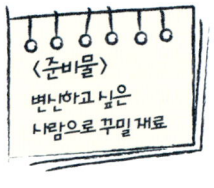

　이제 변신의 시간이 왔어. 내가 존경하는, 내가 되고 싶은 인물을 하나 생각하는 거야. 빙상을 수놓는 피겨 스케이팅 선수나 마구를 자유자재로 구사하는 야구 선수, 그리고 팬들의 환호를 받는 아이돌 가수나 레드 카펫을 밟는 인기 배우를 상상하면 돼. 그게 바로 내가 되는 거지. 아니면 몇 백 년 전 신하들을 거느린 왕가의 공주님은 어떨까? 아님 유리 구두를 신은 신데렐라?

　마음의 준비를 마쳤으면 변신 시작!

렘브란트와
두 명의 귀족 부인으로
봐 주시면 고맙겠습니다.

5

거울 속 세상 거울 밖 세상

■ 수록 작품
렘브란트 〈창가의 자화상〉 1648년, 동판화, 16x13cm, 베를린 동판화 수집실 (65쪽)
렘브란트 〈제욱시스 또는 데모크리토스로 분한 렘브란트의 자화상〉
1669년경, 캔버스에 유화, 82.5x65cm, 쾰른 발라프 리하르츠 (67쪽)
조반니 바티스타 파지 〈건축가 친구와 함께 있는 자화상〉
1580~1590년, 캔버스에 유화, 81x62cm, 뷔르츠부르크 마르틴 폰 바그너 박물관 (69쪽)
요하네스 굼프 〈거울과 캔버스가 있는 자화상〉 1646년, 캔버스에 유화, 88.5x89cm, 피렌체 우피치 미술관 (71쪽)

미소를 짓는 화가 렘브란트는 붓을 들 때마다 역할극의 주인공으로 자신의 모습을 자화상에 담곤 했어. 그러나 거기에서 멈춘 건 아니야. 작업을 하고 있는 자신의 모습도 중요한 관심사였어.

판화를 새기는 렘브란트

이 작품은 동판화를 새기고 있을 때의 자화상이야. 작업복 차림에 모자를 썼네. 볕이 잘 드는 창가에 앉아서 어떤 그림을 새길까 궁리 중이셔.

1648년이니까, 사랑하는 아내 사스키아는 세상을 떠나 버린 지 여러 해 되었고, 드날리던 명성도 예전 같지 않게 되었지. 세상만사가 다 그렇지 뭐. 더군다나 처갓집 친척들은 사스키아가 남긴 막대한 유산과 티튀스 몫의 재산을 렘브란트가 맘대로 탕진했으니 물어내야 한다고 소송을 벌일 참이었지. 렘브란트로서는 무척이나 심란한 시기였을 거야.

이듬해인 1649년, 렘브란트는 티튀스의 젖유모로 들어왔던 헤르트헤를 내보냈어. 그리고 그 대신 스물두 살의 젊은 헨드리키에를 새 하녀로 들였지. 티튀스의 양육을 맡긴다는 구실을 내세웠긴 해도 실은 렘브란트가 헨드리키에에게 마음이 있었기 때문이었어. 헨드리키에가 렘브란트의 그림 모델로 자주 등장하는가 하면 곧 두 사람 사이에 아기가 태어난 걸 보면 우리 추측이 틀림없을 거야.

아기는 딸이어서 코르넬리아라는 이름을 붙여 주었어. 두 사람은 깊이 사랑했지만, 재혼을 금지한 사스키아의 유언과 유산 문제가 걸려서 결혼식을 올리진 못했다고 해.

렘브란트는 씀씀이가 커졌어. 그런데 돈벌이는 시원치 않아서 점점 형편이 어려워졌어. 결국 저택을 팔아서 빚을 갚고, 작은 집으로 이사를 가야 했지.

렘브란트는 점점 의기소침해졌어. 세상을 떠나는 1669년까지 그린 그림들은 예전같이 번듯한 주문 작품이 아니고 대부분 자화상들이야. 자신감 넘치는 표정은 어느덧 사라지고 쓸쓸한 얼굴들만 남았지.

그러나 가난과 비극이 렘브란트의 예술을 멈추게 할 순 없었어. 팔레트와 붓 그리고 손 받침 막대기는 결코 그의 곁을 떠나지 않았어. 렘브란트는 차츰 작업실에 틀어박혀 있는 시간이 많아졌어. 그림을 그리는 자신의 모습을 관찰하는 화가라니, 정말 이상하지 않아?

오른쪽 그림도 자화상이야. 너무 어두워서 뭘 그렸는지 잘 보이질 않네. 주름살 많은 노인이 희미한 미소를 지으며 어둠 위로 얼굴을 드러내고 있는 게 전부야. 렘브란트의 얼굴에 웃음이 떠오른 게 얼마만인지 몰라. 한동안은 항상 진지하기만 했거든. 무얼 보고 웃는 걸까? 거울에 비친 자신을 보고? 부질없는 세상을 향해서? 죽음을 몇 달 앞두고 완성한 이 그림으로 렘브란트는 우리에게 웃는 모습으로 자신을 기억하게 하고 싶었나 봐.

거울 속 시선 화가는 자화상을 그릴 때 거울이 필요해. 사진이 발명되기 전에는 모든 화가가 다 그랬어. 렘브란트는 무던히도 많은 자화상을 그렸지만, 그림 속에 거울을 그린 적은 없었어. 다른 화가들과

렘브란트가 웃는 까닭은 무언일까?

는 달랐지.

오른쪽 그림은 조반니 바티스타 파지(Giovanni Battista Paggi 1554~1627)의 자화상이야. 조반니 파지는 이탈리아 제노바 출신 귀족인데, 어느 날 다른 귀족과 시비가 붙어서 엉겁결에 살인을 저지르고는 고향을 떠나 피렌체로 줄행랑을 쳤다고 해. 피렌체에 와서는 사고를 저지르지 않고 네덜란드 출신의 화가들과 가깝게 지내면서 얌전히 있었다나 봐.

이 작품은 제노바로 돌아가기 전에 친구인 건축가와 함께 있는 모습을 그린 거야. 컴퍼스를 쥔 손이 보이지? 손의 주인공은 건축가야. 컴퍼스는 건축을 상징하기 때문이지. 거울 속을 들여다보고 있는 건 건축가뿐인데, 거울 속에는 두 사람의 얼굴이 거울 밖을 내다보고 있어. 챙이 길게 나온 모자를 쓴 사람이 바로 조반니 파지야.

화가는 건축가의 등 뒤에 앉아 있었나 봐. 그리고 거울을 관찰하면서 거울 안에다 자신의 모습을 슬쩍 올려 두었지. 언뜻 보기에 혼란스러운 구성이지만, 이렇게 고개를 갸우뚱하게 하는 그림이 그 당시에는 꽤 인기를 끌었대.

71쪽 그림은 요하네스 굼프(Johannes Gump 1626~?)의 자화상이야. 요하네스 굼프는 작품과 이름을 빼곤 거의 알려진 게 없는 수수께끼 화가래. 1626년 인스부르크의 건축가 집안에 태어나서 주로 피렌체에서 활동했다는 게 우리가 그에 대해서 아는 전부야. 이 그림은 1646년에 그렸다지.

그런데 그림을 보면 화가가 무려 세 차례나 등장하고 있어. 삼중 자화상인 셈이지. 붓을 쥔 뒷모습, 팔각형 거울에 비친 옆모습, 그리고

거울 속에는 두 사람, 거울 밖에는 한 사람

사각형 캔버스에 아직 완성되지 않은 자화상으로 말이야.

그림 왼쪽 거울 안에는 화가의 얼굴과 어깨가 보여. 흰 깃이 달린 옷에 검은색 겉옷을 입고 있군. 오른쪽에는 캔버스가 보이네. 다 그리려면 반은 더 남은 것 같아. 캔버스 귀퉁이에 하얀색 종이쪽지가 한 장 붙어 있는데, 거기에 이렇게 적혀 있어.

'요하네스 굼프. 20살. 1646년'

캔버스 아래에는 조개껍데기가 올려져 있네. 옛날에는 팔레트 대신에 조개껍데기를 갖다 쓰곤 했어. 까만 잉크병도 보이는군. 왼쪽 거울 아래로는 유리 용기가 하나, 그리고 밀짚으로 포장한 포도주 병이 놓여 있었어.

이 그림은 원체 해가 잘 안 드는 실내 장면인 데다 세월이 지나면서 안료가 더 어두워져서 거의 보이질 않게 되어 버렸어. 선으로 대강 윤곽선을 표시해 볼 테니까 어디에 뭐가 있는지 살펴보도록 해. 이 그림에 들어 있는 건 죄다 화가 요하네스 굼프의 물건들이야. 화가가 일상적으로 사용하는 도구와 작업 도구들이지. 이런 걸 통해서 우리는 화가에 대해 조금씩 더 잘 알게 되는 거겠지.

조개껍데기와 술병은 화가의 필수품이라고 할 수 있어. 팔레트 대용으로 물감을 섞고, 술 한잔하면서 마음을 느긋하게 진정시키는 거겠지. 잉크병은 아마 밑그림을 그릴 때 필요한 것 같아.

그런데 자세히 보면 그림 속에 고양이와 개가 한 마리씩 보여. 여기서 잠깐 조심해야 해. 이건 실제로 화가가 작업실에서 고양이와 개를 키웠다고 봐서는 안 되거든. 거울 앞에는 고양이가 털을 세우면서 잔

이 그림에는
다양한 시선들이 있어.
누가 누구를 보고 있을까?
그림 그리는 화가의 얼굴을
거울 속의 화가가
관찰하고 있는 것 같아.

뜩 긴장하고 있고, 캔버스 앞에서는 개가 고개를 쳐들고 으르렁거리고 있지? 이건 거울과 그림을 대신한 상징으로 보는 게 좋을 것 같아. 서로 마주보고 당장이라도 싸우려는 듯한 고양이와 개는 다시 말해서 눈에 보이지 않는 어떤 개념을 대신하기 위해서 그려 놓았다는 거지.

화가의 자화상 작업에서 거울은 필수품이야. 화가는 거울에 비쳤다가 사라지는 짧은 순간의 모습을 관찰하기 위해서 거울을 들여다보면서 작업을 해. 그러나 거울은 변덕스러워서 어떤 이미지도 붙잡아 두지 않지. 재간을 부려서 자연의 모든 모습을 순식간에 비추어 내지만, 영원히 붙잡아 두지 못하는 거울의 특징이 마치 제멋대로인 고양이와 닮지 않았어?

한편, 캔버스에 그린 그림은 변덕을 부릴 줄 모르고 항상 같은 이미지를 보여 주지. 화가가 영혼과 감정을 쏟아서 완성한 모습을 언제나 간직한 채 말이야. 이처럼 그림의 성실한 속성은 늘 주인의 명령에 성실하게 복종하는 믿음직스런 개와 비슷한 것 같아. 고양이와 개는 변덕스런 거울과 충성스런 회화의 성질을 상징하는 셈이지.

이런 상징들이 미술에서는 무척 자주 쓰여. 하도 많아서 그림으로 먹고 사는 화가들조차 다 외우지 못할 정도로 말이야. 그래서 이 시기에는 그림 속 상징에 대한 책이 출간되기도 했지. 굉장하지 않아?

이 그림에는 신기한 부분이 또 하나 숨어 있어. 그림 속에 있는 화가의 표정과 눈빛이 모두 다르다는 거야. 거울 속에 비친 얼굴과 캔버스에 그려진 얼굴에서 차이점을 찾을 수 있겠어? 빙고! 찾을 줄 알았어. 눈동자의 방향이 다르지. 근데 이건 왜 그런 걸까?

캔버스에 그려진 얼굴은 조금 전 화가가 붓을 들기 전에 거울을 들여다보면서 관찰한 얼굴이야. 그리고 거울에 비친 얼굴은 조금 전이 아니라 현재 거울에 비친 화가의 얼굴을 보여 주고 있지. 그러니까 거울 속의 화가는 자신이 그림을 그리고 있는 걸 구경하는 꼴이 된 거야. 물론 현재 거울 속의 얼굴은 화가가 볼 수 없어. 그림을 그리느라 캔버스에 집중해야 하니 말이야. 화가는 그림 그리랴 눈동자 돌리랴 무척 분주했을 거야. 어때? 직접 거울과 캔버스를 나란히 세워 두고 실험을 해 보는 것도 재미나겠지?

〈준비물〉 마분지, 자, 연필, 달걀판, 이쑤시개, 요구르트 통, 은박지

 거울을 찾으려면 목욕탕이나 화장실에 가는 게 상책이야. 양치질하러, 머리 빗으러, 또는 피부에 뾰루지를 관찰하러 갈 때면 우리는 화장실 거울과 만나곤 하지. 화장실 거울을 제대로 활용하는 거야.
 오래 있으면 밖에서는 '그래, 변비가 다시 도진 모양이군.' 하고 생각하겠지? 이제 화장실 문을 잠그고 거울 앞에서 얼굴을 찡그려 보거나 혀를 한껏 내밀어 보는 거야. 아무도 지켜보는 사람이 없으니 안심해도 괜찮아.
 마분지로 상자를 하나 만들어 볼까? 자로 정확히 재서 길이를 네 등분하고 연필로 금을 그어서 표시를 해 둔 다음에 접어서 붙이는 거야.
 마분지를 접어서 붙이기 전에 다시 펴야 해. 미리 해 둘 일이

있거든. 화장실 분위기가 나도록 모눈을 그려서 타일 벽 분위기를 내는 거야. 은박지를 네모나게 잘라서 거울을 대신하고, 그 위에 자기 얼굴을 그린 그림을 곱게 잘라서 붙이면 거울은 완성이야. 세면대는 뭘로 만들까? 그래 달걀판을 잘라다 색을 칠하면 감쪽같겠군. 수건걸이는 이쑤시개를 꽂고 흰 종이 한 장을 걸쳐 놓으면 오케이! 거울 앞에 서 있는 주인공을 그린 다음에 잘라서 아래쪽을 풀로 고정시키니 이제 제법 그럴 듯 한걸.

욕조가 필요하다고? 공간이 남으면 못 할 것도 없지 뭐. 욕조는 떠먹는 요구르트의 플라스틱 통을 재활용하는 걸로 충분하지. 사우디아라비아 공주처럼 황금 욕조를 장만할 일이 있겠어? 천장은 굳이 덮지 않아도 상관없어.

아무도 없는 화장실에서 거울로 자신을 관찰하는 내 모습을 내가 훔쳐보다니, 이거 내 솜씨 맞지?

화장실 안에 있는
내 모습을 지켜보자니
기분이 어째 묘하군.

6

자화상이 나에게 준 것

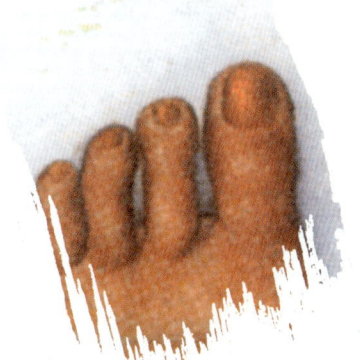

■ 수록 작품

프란츠 폰 렌바흐 〈렌바흐 가족 초상〉 1903년, 마분지에 유화, 99.5x122cm, 뮌헨 시립 렌바흐하우스 미술관 (79쪽)

로비스 코린트 〈해골이 있는 자화상〉 1896년, 캔버스에 유화, 66x86cm, 뮌헨 시립 렌바흐하우스 미술관 (83쪽)

프리다 칼로 〈다친 사슴 또는 나는 가련한 작은 사슴〉 1946년, 섬유판에 유화, 22.4x30cm, 개인 소장 (86쪽)

프리다 칼로 〈부서진 기둥〉 1944년, 캔버스에 유화, 40x30.7cm, 맥시코시티 돌로레스 올메도 컬렉션 (87쪽)

프리다 칼로 〈물속에서 내가 본 것, 또는 물이 내게 준 것〉 1938년, 캔버스에 유화, 91x70.5cm, 뉴욕 이사도레 두카세 미술관 (88쪽)

렘브란트 〈자화상〉 1652년, 캔버스에 유화, 112x81.5cm, 빈 미술사박물관 (90쪽)

사진을 이용해서 그림 그리기 렘브란트가 활동했던 시대에는 자화상을 그리는 초상 화가들이 꽤 많았어. 그건 지금도 마찬가지야. 아니, 자꾸 더 많아지고 있는 것 같아. 초상화 주문도 엄청 늘어났어. 자기 모습을 남기려고 하는 사람의 수가 늘어나는 만큼 초상화의 수요도 뛸 수밖에 없어. 안 그래? 돈벌이가 쏠쏠하니까 화가들로서도 굳이 마다할 게 없지.

그런데 순풍에 돛을 달고 내달리던 초상 화가들에게 난데없이 풍랑이 닥쳐온 거야. 그건 바로 사진 기술의 발명이었어. 1840년경 사진 기술이 발명되자 사람 얼굴을 그려서 먹고 살던 초상 화가들은 하늘이 무너지는 것 같았어. 사진보다 더 정확하게 얼굴을 그릴 순 없는 노릇이거든. 그런데 초기의 사진 기술에는 아주 큰 흠이 하나 있었어. 노출 시간이 많이 필요하단 거였지.

사진 한 장 찍으려면 뒤통수를 벽에 고정시킨 채로 몇 분씩 콧털 하나 움직이지 말고 렌즈를 노려봐야 하니, 이게 도무지 사람 할 짓이 아니라는 거지. 입술이라도 씰룩거릴 참이면 모처럼 비싼 돈 주고 찍는 사진이 뭉그러질 판이니 어쩔 거야. 집에 다락방에다 감춰 놓은 앨범이 있나 찾아봐. 혹시 할아버지나 증조할아버지의 꼬맹이 시절 사진이 나오면 나름 횡재하는 거 아니겠어? 사진 기술은 차츰 발전해서 촬영할 때의 노출 시간이 줄어들기 시작했어. 그래도 몇 초 정도는 호랑이가 달려들어도 꼼짝없이 앉아 있어야 했대.

초상 화가들은 쾌재를 불렀어. 사진 기술을 그림의 경쟁 상대로만 치부할 게 아니라, 초상화 작업의 보조 수단으로 활용할 수 있겠다는

데 생각이 미친 거지.

　독일 뮌헨 출신인 잘 나가던 초상 화가 프란츠 폰 렌바흐(Franz von Lenbach 1836~1904)도 일찌감치 생각이 트인 사람이었어. 그가 그린 초상화가 상류 사회에 얼마나 인기가 많았던지 화가치고 상상하기 어려운 호화 저택을 소유할 정도였어. 프란츠 폰 렌바흐가 걸음마를 할 무렵 사진이 처음 발명되었고, 렌바흐가 성장하면서 사진 기술도 빠르게 성장했지.

　렌바흐는 화가로 간판을 올리면서 이렇게 선전했어. 모델을 딱 한 번만 서면 초상을 완성할 수 있다고 말이야. 사람 얼굴을 한 차례 보기

독일 화가
프란츠 폰 렌바흐는
사진을 이용해서
가족 초상화를 그렸어.

만 하면 이목구비와 표정을 깡그리 외워서 그릴 수 있다니, 안 그래도 바쁜 세상에 귀찮게 왔다 갔다 여러 번 모델을 서지 않아도 된다니 초상화 주문자들은 당연히 환호했지.

그런데 여기에 숨은 비밀이 있었던 거야. 렌바흐는 초상화 모델이 작업실에 도착하면 일단 자리를 권한 다음 종이에 밑그림을 그렸어. 스케치를 하는 동안 이런 저런 대화를 나누면서 모델에게 신뢰를 주고 여러 가지 표정을 얻어 냈어. 여기까진 다른 초상 화가들과 다를 바가 없었지. 그런데 모델들은 작업실의 한쪽 구석 은폐된 장소에서 사진작가가 몰래 사진을 찍고 있다는 사실을 눈치채지 못했어.

렌바흐는 모델이 돌아간 다음에 몰래 찍은 사진을 가지고 초상화를 완성했지. 그리고 다 그린 작품을 보란 듯이 내놓으면 주문자들은 입이 떡 벌어져서는 굉장하더라는 입소문을 퍼트리게 되었지. 나중에 렌바흐가 죽고 난 뒤, 그의 작업실에서 무수히 많은 초상 사진들이 발견되면서 그의 얄미운 수법이 다 탄로 나긴 했지만.

20세기의 화가들도 초상화나 자화상 작업에서 사진을 빼놓을 수 없는 도구로 활용하곤 했어. 일부러 사진 효과를 흉내 내기도 하지. 자기 얼굴을 찍은 사진 슬라이드를 큼직하게 벽에 비춰 놓고는 그 위에 물감으로 그림을 그리면 이게 사진인지 그림인지 헷갈릴 정도로 정교한 모사가 가능해.

우리도 사진 같은 자화상을 그려서 분신 놀이를 해 보자. 우리 모습하고 같은 크기로 만들어 보면 좋겠지.

우선 마분지로 된 큼직한 상자를 쫙 펼치는 거야. 상자가 충분하지 않으면 여러 개를 덧대어서 붙여도 괜찮아. 그리고 크레용이나 물감으로 자화상을 그리는 거야.

자화상이 완성되면 물감이 닿지 않은 가장자리를 큰 가위로 잘라 내야 해. 잘 안 잘리면 삼촌이나 오빠에게 잘라 달라고 부탁하는 것도 좋겠지. 그리고 마분지 친구라고 이름 붙여 보자.

마분지 친구는 또 하나의 분신과 같은 존재야. 나하고

똑같은 생김새에다 얼굴과 머리카락, 그리고 몸을 가지고 있으니까.

이제 분신술을 쓸 차례야. 친구와 놀고 싶은데 마침 식사 시간이 되었다면, 식탁 의자에 나의 분신을 앉혀 놓는 거야. 엄마 아빠가 나를 떼 놓고 영화를 보러 가신다면, 자동차 뒷좌석에 나의 분신을 갖다 두어도 좋아. 그러면 엄마 아빠도 나한테 좀 덜 미안하시겠지. 컴컴한 골목길이나 불 꺼진 화장실에는 갖다 두지 않는 게 좋을 거야. 모르는 사람이 보고는 털컥 간이 떨어질지 모르니까.

생일 초상

거울에 비친 이미지는 금세 사라지고 말지. 거울은 못 말리는 변덕쟁이라서 뭐든 가만히 있는 걸 두고 보지 못하거든.

이제 화가들이 거울을 도구로 삼아서 자화상을 그리는 것처럼 사진을 활용해서 그림을 그려 볼까?

예전 사진은 거울에 비해서 결정적인 단점이 있었어. 카메라를 마주 보고 사진을 찍는 순간 자신의 표정을 못 본다는 거지. 거울 앞에서는 마음에 든 표정을 연출할 수 있지만, 카메라 렌즈는 거울처럼 우리 얼굴을 비추지 못했으니까 말이야.

바로 이런 단점 때문에 사진 기술이 발명된 지 백년이 훨씬 지나도록 화가들은 줄기차게 거울을 보면서 자화상을 그리고 있어. 물론 거울처럼 사진을 보조 수단으로 사용하는 화가들도 결코 적진 않지. 그래서 완성된 자화상 작품들을 잘 비교해 보아도 거울을 보고 그렸는지, 아니면 사진을 베꼈는지 구분할 수 있는 그림들이 많지 않아.

로비스 코린트는 앞서 한 차례 만난 적이 있는 화가야. (44쪽 그림)

* 아틀리에
화가나 조각가들이
그림을 그리거나
조각을 하는 방.

렘브란트의 자화상을 흉내 내서 놀란 표정, 찡그린 표정 들을 그렸던 화가, 기억나?

로비스 코린트는 서른여덟 살 때부터 해마다 생일날쯤 해서 자화상을 그렸어. 이건 뮌헨에 있는 작업실에서 그린 그의 초기 자화상이야. 넥타이 차림으로 창문을 등지고 서 있는 화가 옆에는 해골이 하나 서 있어. 어째 으스스한걸?

해골은 오래 전부터 미술의 주요 소재 가운데 하나야. 해골은 당연히 죽음을 상징하지. 생일 그림에 해골을 넣은 건, 죽음과 만날 날이 한 해 더 가까워졌다는 뜻이야. 로비스 코린트는 죽음과 삶의 의미를 깊이 생각하면서 해골과 함께 서 있는 자화상을 그렸어.

해골은 또 인체의 움직임과 비례를 공부하고 참고하는 아틀리에*의 필수품이기도 해. 나무로 만든 모형이라도 충분할 텐데, 로비스 코린트는 실물 크기의 해골을 갖다 놓았어. 그 때문에 그림 속 화가의 표정이 더욱 진지해 보여.

해마다 생일 초상을 그리면서 로비스 코린트는 자신의 삶이 갖고 있는 표정들이 나이를 먹어감에 따라 어떻게 변해 가는지 주의 깊게 관찰했어. 그가 남긴 생일 초상들은 한 인간의 역사를 증언하는 아주 흥미로운 자료라고 할 수 있지.

로비스 코린트는 대개 작업실에 우두커니 서 있는 모습을 그렸지만. 기사의 모습, 티롤의 민속 의상을 입은 모습, 완력을 자랑하는 장정의 모습으로 바꾸어 그린 적도 있어. 여름휴가를 항상 티롤에서 보내곤 했는데, 그쪽 동네가 썩 마음에 들었었나 봐.

작업실에서 해골과 서 있는 로비스 코린트

곱던 얼굴은 다 어디로 간 거야?

〈준비물〉
투명지, 유성 펜이나
아크릴물감.

지금까지 우리는 여러 가지 방법으로 자화상 그리기를 연습했어. 이 가운데 가장 마음에 드는 자화상이 있는지 살펴보렴. 이제 고대하던 변신 놀이를 시작할 참이니까.

먼저 준비물이 하나 있어. 문방구나 복사 집에 가서 투명지를 하나 구해야 해. 가장 잘생기게 나온 자화상 위에 투명지를 올려놓으렴. 네 귀퉁이를 테이프로 고정시키고 투명지 위에다 그림을 덧그리는 거지.

유성 펜이나 아크릴물감으로 잘생긴 자화상에다 나이를 더해 가는 거야. 곱던 얼굴에 사마귀가 생기고 머리가 허옇게 세고 쪼글쪼글 주름살이 잡히면서 우리 인생이 초고속으로 달려가는 걸 음미하는 거야. 애꾸눈의 해적이나 냄새 나는 마녀로 늙는 것도 재미있겠지.

나만의 특징 누구에게나 나만의 특징이 있어. 직업, 나이, 성별, 성격에 따른 특징이니까 제각기 다를 수밖에.

구다 수녀는 자화상에서 자기 손을 유난히 크게 그렸지. 그 손으로 그림도 그리고 글도 썼으니 무척 애지중지했을 거야.

구다 수녀의 손

렘브란트는 손 받침 막대기와 붓과 팔레트 그리고 캔버스를 자화상에 넣어서 그리곤 했지. 건축가의 초상을 보면 대개 컴퍼스나 곡자 그리고 설계도면 따위를 가지고 있어.

요하네스 굼프는 팔레트 대용으로 쓰는 조개껍데기와 소묘할 때 사용하는 잉크병을 자화상에 함께 그렸지. 그때 개와 고양이는 그림과 거울의 속성을 대변하는 상징으로 등장했어.

화가의 상징

로비스 코린트의 자화상에서 화가와 나란히 서 있던 해골은 인간이 필연적으로 죽음과 대면할 수밖에 없는 존재라는 사실을 말해 주지. 인생보다 예술의 생명이 더 길다는 뜻으로 읽어도 좋을 것 같아. 여기서 팔레트나 해골을 '초상화에 등장하는 나만의 특징'이라고 부르기로 해.

조개껍데기와 잉크병

멕시코의 여류 화가 프리다 칼로(Frida Kahlo 1907~1954)는 자화상을 무던히도 많이 그렸어. 당연히 나만의 특징과 상징들도 그림 속에서 풍부하게 발견할 수 있어.

프리다 칼로는 고통받는 자신을 다친 사슴에 비유했어.

프리다 칼로는 어렸을 적에 버스 사고를 당하면서 큰 부상을 입었대. 평생 동안 지울 수 없는 고통에 시달린 데다 사고의 후유증으로 아기를 가질 수 없어서 마음이 더욱 괴로웠어.

프리다 칼로는 어두운 절망 속에서 붓을 놓지 않고 죽을 때까지 자화상을 그리면서 자신의 삶을 돌아보았어. 그리고 자화상을 통해서 자신의 고통을 기록했어.

88쪽 그림은 프리다 칼로의 〈물속에서 내가 본 것, 또는 물이 내게 준 것〉이라는 제목의 작품이야.

욕조에 물이 반쯤 채워져 있고, 발가락 끝이 빼꼼하게 얼굴을 내밀고 있어. 발가락이 물속에 비친 것 보이지? 우리는 지금 욕조에 앉아 있는 프리다 칼로의 눈을 빌려서 그림을 보는 거야.

프리다 칼로의 자화상이야.

우리가 욕조에서 퐁당퐁당 놀이를 한다면 비누 거품, 스펀지, 아기 오리를 띄울 텐데, 여기서는 전혀 다른 소재들이 보여. 뿌리가 흐느적거리는 나뭇잎 사이로는 프리다 칼로의 엄마와 아빠가 정장 차림으로 서 있어. 그 옆에는 황인종과 백인종의 모습을 하고 있는 두 명의 프리다 칼로가 스펀지 위에 타고 있지.

멕시코에서 흔히 볼 수 있는 화산이 솟아 있는가 하면, 화산의 분화

구에서는 엠파이어 스테이트 빌딩이 튀어 나오는군. 엠파이어 스테이트 빌딩은 이 그림을 그릴 당시에 뉴욕에서 가장 높은 건물이었다지. 프리다 칼로가 몇 해 동안 뉴욕에 살던 당시에 무척 깊은 인상을 받았나 봐.

88쪽 그림은 욕조에서 그린 프리다 칼로의 자화상

 욕조 속의 화산 앞에는 해골이 작은 언덕에 앉아 있어. 해골은 프리다 칼로를 평생 따라다닌 죽음의 악몽이야. 그 옆으로 또 비스듬히 누운 남자가 물속에 반쯤 잠긴 세 번째 프리다 칼로의 목에 감긴 밧줄을 그러잡고 있어. 밧줄은 저 멀리 벼랑에도 매어 있는데, 밧줄 위로 온갖 벌레들이 꾸물꾸물 기어가는가 하면, 까만 난쟁이 무용수들이 아슬아슬한 춤을 추고 있어.

 욕조는 큰 바다처럼 프리다 칼로가 살면서 겪었던 모든 경험과 기억들을 담고 있어. 프리다 칼로가 결혼식 때 입었던 웨딩드레스가 제멋대로 구겨진 채 물 위에 흐느적거리면서 떠 있어. 삶의 기억들은 이처럼 잔인할 만큼의 고통을 동반하고는 하지.

호기심, 도전, 새로움 자신을 탐구하기, 자신의 눈빛을 통해서 삶의 표정을 비추어 보기, 다른 시대나 다른 인물의 모습과 자신을 겹쳐서 바라보기는 예술가들의 호기심을 자극했던 주제들이야. 실제로 우리가 살펴본 많은 화가들도 그런 작업을 통해서 우리에게 여러 가지 생각할 거리를 제공했지.

 그런 점에서 20세기 후반에 자화상 작업을 했던 화가 가운데 호르스

자화상을 그리는 화가들에게 좋은 본보기가 되었던 렘브란트

트 얀센(Horst Janssen 1929~1995)은 결코 빼놓을 수 없는 작가지. 그의 기상천외한 작품들은 어떤 화가들의 자화상보다 우리의 눈길을 끌기 때문이야.

호르스트 얀센은 늘 자신을 위장하는 수법으로 자화상을 이용했어. 다른 화가의 모습 뒤에 자신을 감추는 거지. 호르스트 얀센은 렘브란트가 1652년에 그린 자화상을 본보기로 삼기도 했대.

렘브란트의 원작은 거의 갈색이 지배적인 느낌이야. 어두운 배경 위에 얼굴이 밝게 두드러져서 강렬한 인상을 주는 작품이지. 그런데 가까이에서 살펴보면 한 가지 갈색이 아니라 무척 느낌이 풍부한 여러 가지 색깔들이 섞여 있는 걸 알 수 있어. 단순히 섞여 있는 것이 아니고, 서로 충돌하고 조화를 이루면서 울림이 있는 표정을 만들고 내고 있지.

호르스트 얀센

〈준비물〉
친구의 흑백 사진
(사절지 크기)

호르스트 얀센은 렘브란트와 자기 얼굴 뒤에 자신을 감추었다고 했지? 우리도 같은 실험을 해 볼까 해.

친한 짝꿍이나 같은 반 친구들과 함께 합성 인간을 만들어 보는 거야. 남자와 여자를 섞으면 더 재미있을 거야.

우선 사진을 찍어야 할 텐데, 한 가지 주의할 게 있어. 각자 정확하게 얼굴의 정면 사진을 찍어야 한다는 점이야. 또 사진을 흑백으로 뽑아야 한다는 것도 미리 말해 두어야겠군. 기왕이면 사이즈도 사절지 크기로 일치시키

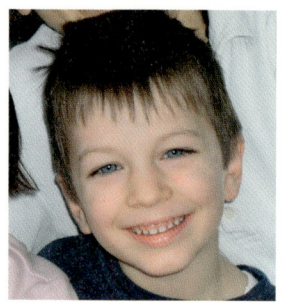

마리에타와 베네딕트

는 게 좋겠어. 하는 김에 여러 장씩 뽑아 두면 실험을 여러 차례 할 수 있겠지.

합성 인간을 만들려면 얼굴의 어떤 부분을 바꿀지 생각해 두어야 해. 그리고 흑백으로 뽑은 사진에서 코면 코, 눈이면 눈, 이마면 이마를 찢어서 친구 사진에다 붙이는 거지.

완성된 합성 인간에게 새로운 이름을 붙여 주는 것도 잊지 마. 가령 마리에타와 베네딕트의 합성 인간은 '마리딕트'나 '베네리타'라고 해도 좋겠지. 그런 것 말고 '합성 인간 1호'나 '완소 프랑켄슈타인'이라고 불러도 누가 뭐라겠어?

이제 사진을 찢어 붙여 만든 합성 인간이 탄생했으면, 완성된 합성 인간을 다시 사진으로 찍는 거야. 그리고 엄마, 아빠, 삼촌에게 보여 드리면서 알아맞히기 게임을 하는 거지. 합성 인간의 얼굴에서 눈, 코, 귀, 입, 이마, 턱이 누구 건지 말이야. 쉽지 않을걸? 사람의 얼굴 표정이란 여러 부위가 모여서 만들어 내는 고유한 지도와 같아서 따로 떼어 놓으면 특징이 사라지고 말거든.

호르스트 얀센은 사진을 사용하지 않고 종이만 가지고 그림을 그렸대. 그것도 깨끗한 사절지나 스케치북에 그린 게 아니야. 아무 데나 굴러다니는 소포 포장지를 찢어서 그림을 그렸어. 포장지에 그린 자화상을 잘 보면 가장자리에 접힌 자국이 나 있어.

렘브란트가 활동했던 시대에는 종이 값이 꽤 나갔지. 렘브란트는 비

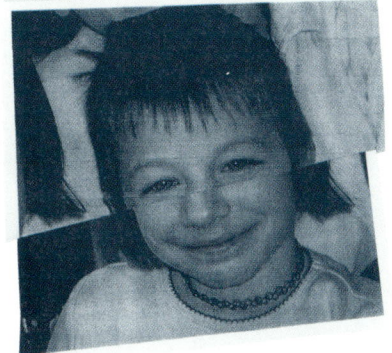

용도 절감할 겸 해서 작은 종이에다 그림을 그렸을 거야. 그렇지만 호르스트 얀센의 경우는 딱히 비용 문제 때문은 아니었겠지. 그림 그릴 종이야 얼마든지 널려 있으니까. 굳이 소포 포장지를 사용한 건 아마 갈색 바탕색이 썩 어울리고 수채 물감이 잘 배어드니까 그랬을 거야.

마리에타와 베네딕트의 얼굴을 합성해서 만든 새로운 얼굴들

〈준비물〉
소포 포장지, 그림 도구

소포 포장지는 알고 보면 꽤 괜찮은 그림 재료야. 특히 초상화를 그릴 때는 장점이 많아.

물론 깨끗한 새 종이를 쓸 수도 있겠지. 그렇지만 새 종이를 꺼내 놓고 책상에 앉으면 어디서부터 어떻게 그림을 시작해야 할지 약간 막막한 기분이 들곤 하지. 그런 적이 있을 거야. 아무것도 없는 백지에 선을 긋거나 물감을 바르는 건 의외로 커다란 용기가 필요한 작업이야. 하나의 선을 긋고 그 다음 선을 그을 때도 망설여지는 건 여전하지. 낯선 곳에서 처음 꺼낸 새 이불을 덮고 자는 느낌이랄까, 잠이 오히려 쏙 달아

나서 멀뚱해지는 그런 기분 말이야.

그렇지만 낡은 소포 포장지를 적당히 찢어서 펴 놓고 그림을 그린다고 생각하면 그런 낯설고 어색한 기분은 전혀 들지 않을 거야. 어차피 휴지통에 들어갈 텐데 아무렇게나 부담 없이 끼적거릴 수 있으니 오히려 어깨에 긴장이 풀어져서 훨씬 자유롭게 손이 움직이지. 이것저것 마음껏 해 보다가 가장 마음에 드는 것만 골라내고 나머지는 깡그리 구겨서 휴지통에 던지면 그만이니까.

소포 포장지는 대개 갈색이니까, 바탕색이 공짜로 칠해져 있는 셈이야. 연필이나 펜으로 스케치를 하고 나서 흰색으로 약간씩만 칠해 주면 그럴 듯한 작품이 될 거야. 얼굴을 하나의 풍경이라고 생각하고, 언덕에 해당하는 콧날과 이마와 광대뼈가 있는 부분을 흰색으로 도드라지게 하는 거지. 눈동자에 하얀 점을 찍으면 눈이 매력적으로 반짝거릴 거야.

호르스트 얀센이 어떻게 생겼는지는 앞에서 사진으로 봤으니 이미 알고 있겠지. 화가 자신의 눈에 비친 호르스트 얀센의 모습에 대해서는 그가 그린 엄청난 수의 자화상 그림들이 대신 말해 주고 있지.

호르스트 얀센의 자화상 중에는 〈이런 내 모습은 싫어〉라는 제목을 가진 그림도 있어. 서른한 살 때 그린 자화상이지. 사진보다 열 살은 더 늙어 보이고 눈가에 뻘건 얼룩이 지고 주름살 하며 잡티가 장난이

내가 이렇게 못생겼나?

아닌 그림이야. 삭아도 아주 푹 곰삭은 얼굴이지.

  그런데 실제로 서른한 살 때의 모습을 그린 게 맞을까? 아니면 언젠가 훗날 나이가 든 다음의 자기 얼굴을 상상하고 그렸을지도 몰라. 이런 자기 모습은 싫다니까, 앞으로 이런 얼굴이 되지 않도록 착하게 마음먹고 살아야 되겠다는 다짐을 하고 그린 일종의 경고장이 아닐까 싶어. 이런 걸 보면 정말 신기해. 화가들은 도대체 무슨 생각으로 사는 걸까?

  이제 짓궂은 실험을 해 볼까? 사랑스럽고 아름다운 자화상은 그만두고 지금부터는 징그럽고 짜증나고 흉측한 자화상에 도전하는 거야. 내 얼굴이 무시무시하고 소름끼치는 밥맛으로 변신하는 거지. 그 다음에 이런 제목을 써 넣는 거야.

  "이런 내 모습, 정말 싫어!"

자화상을 그리려면 자기 얼굴을 관심 있게 보게 되지. 세수하고 거울 볼 때와는 전혀 다른 차원의 관찰이 이루어진다는 걸 깨달았을 거야. 미술 대학에 다니는 학생들만 자화상 그려 보기 과제를 하는 건 아니야. 사진과나 연극영화과에서도 자화상 과제를 내곤 해. 매체가 다양할수록 흥미로운 실험들이 나오겠지.

프란츠 폰 렌바흐가 초상화 작업을 하면서 그 당시로는 혁신적인 신기술이었던 사진을 활용했던 것처럼 오늘날의 예술가들도 새로운 과학 기술에 대해서 열린 자세를 가지고 있어. 가령 컴퓨터 그래픽으로 3D 자화상을 만들어 볼 수도 있겠지.

과학 기술의 성과를 활용하는 게 미술의 고유한 가치를 해치지 않을까 걱정스러워하는 시각도 있겠지. 그러나 정말 중요한 건 예술가의 창작 아이디어를 실현할 수 있게 하는 게 아닐까. 사진 작가 신디 셔먼은 500년 전 여인들의 모습으로 치장한 자화상을 찍으면서 아주 평범한 카메라를 사용했다고 해. 카메라는 예술을 완성하기 위한 도구였을 뿐이지.

요즘은 컴퓨터를 이용하는 예술가들이 크게 늘고 있대. 신기한 프로그램들이 많이 출시되어서 상상도 못 할 작업들이 쏟아지고 있지. 그렇지만 컴퓨터 자화상 이야기는 다음 기회로 미루어야 할 것 같아. 꽤 쓸 말이 많아서 책을 새로 한 권을 써야 할 분량이거든. 그보다는 주방에서 할 수 있는 자화상 만들기를 소개할까 해. 친구들을 초대해서 대박 쇼를 할 수 있을 거야.

푸딩으로 만든 내 얼굴

밥먹고 나서 접시 위에 남은 음식으로 하는 꾸미기 놀이 다들 한번씩 해 봤지? 그러고 나면 괜히 엄마한테 야단이나 맞잖아. 이제 정식으로 작품을 만들어 보자!

1. 석고 붕대와 조력자를 구한다.

준비물 중에서 석고 붕대는 약국에서 살 수 있지. 석고 붕대는 물에 적시면 물컹해졌다가 굳는 성질이 있어. 그걸 이용해서 얼굴 마스크를 뜨는 거야. 혼자 할 순 없으니까 친구가 한 명 필요해. 삼촌이나 이모를 불러도 좋겠지.

〈준비물〉
석고 붕대, 앞치마, 물 한대접, 로션, 기름종이, 난문지, 푸딩, 주방용 비닐랩, 막대 과자나 국수, 딸기잼, 아몬드, 작업을 도와줄 친구 혹은 삼촌이나 이모

2. 본격적으로 준비해 볼까?

작업복 대신에 앞치마를 두르고 물을 한 대접 떠 두는 거야. 석고 붕대는 얼굴에 붙이기 좋은 길이로 잘라 두어야겠지.

(잠깐!) 석고 붕대를 얼굴에 붙이기 전에 로션을 얼굴에 얇게 발라 줘야 해. 그래야 마스크가 굳고 나서 잘 떨어지니까. 또 눈썹 위에 기름종이를 잘라서 살짝 붙이는 것도 잊지 마. 모나리자가 되면 곤란하잖아.

3. 얼굴에 석고 붕대 붙이기

미용실에서 머리 감을 때처럼 머리를 뒤로 젖혀야 하는데, 아예 방바닥에 누워서 하는 게 더 나을 것 같군. 석고 붕대는 한 장으로는 너무 얇으니까 서너

겹 겹쳐서 바르는 게 요령이야. 턱과 관자놀이까지 완전히 감싸는데, 석고가 마를 때까지 숨을 쉴 수 있도록 콧구멍을 두 개 뚫어 주는 게 중요해!

4. 석고 마스크 뜯어내기

석고가 다 말랐다 싶으면 피부가 아프지 않게 살살 뜯어내는 거야. 마스크를 뜯어냈으면 거기에다 한두 겹을 더 발라서 콧구멍도 메우고 조금 더 단단하게 만들어서 굳혀야 해.

5. 푸딩으로 얼굴을 만들자!

이제 석고 암틀이 완성되었으니 푸딩을 부을 차례지. 석고 암틀이 흔들리지 않게 신문지 구긴 거나 블록 같은 걸로 고정시키고 준비한 푸딩을 붓는 거야.

잠깐! 푸딩을 붓기 전에 석고 암틀 안쪽에 주방용 비닐 랩을 씌우는 걸 깜빡할 뻔 했군. 푸딩 재료를 고를 때는 맛도 중요하지만 색깔도 신중하게 골라야 해. 스머프나 보라돌이가 되는 건 한순간이니까 말이야.

6. 곱게 화장을 할 차례야.

푸딩이 다 굳으면 접시에다 뒤집어 담고 화장을 시작할 차례야. 머리카락은 막대 과자나 국수, 입술은 딸기 잼, 눈은 김이나 미역 줄기, 귀는 아몬드나 귤껍질이면 충분하겠지?

그건 그렇고 이걸 먹으려니 어째 식인종이 된 것 같은 기분인걸?

정말 나를 먹을 거야?

부록

1. 렘브란트의 발자취
2. 숨은 자화상 찾기
3. 미술관에 놀러 가요

렘브란트 〈황금 고리줄을 두른 자화상〉
1633년, 나무판에 유화, 70x53cm, 파리 루브르 박물관

렘브란트의 발자취

1606년 7월 15일 레이덴에서 방앗간 집 아들로 태어남.

1613년 라틴어 학교에 입학.

1621~1624년 레이덴의 화가 공방에서 그림 공부 시작하다. 암스테르담에서 반년 동안 체류.

1625년 레이덴으로 귀향.

1628년 덴학의 궁정으로부터 주문을 받기 시작하다.

1631년 암스테르담의 화상과 거래 시작. 화상의 도움을 받고 1631년 또는 1633년에 암스테르담으로 이주.

1633년 6월 25일 사스키아와 약혼.

1634년 7월 2일 사스키아와 결혼. 독립 공방을 개설.

1639년 암스테르담에서 대저택을 구입.

1641년 아들 티튀스가 태어남. 렘브란트와 사스키아 사이에서 난 자식 가운데 유일하게 생존함. 〈야경〉 작업.

1642년 6월 14일 사스키아 사망. 티튀스를 키우기 위해서 헤르트헤를 보모로 고용.

1643~1649년 렘브란트의 그림 주문이 서서히 줄어듦.

1649년 헤르트헤와 헤어짐. 스물두 살의 헨드리키에를 하녀로 고용.

1653년 저택을 구입하기 위한 비용을 모두 내지 못하고 재정이 악화되다. 채무가 크게 늘어나 이자도 갚지 못하는 상태에 이르다.

1654년 렘브란트와 헨드리키에 사이에 딸 코르넬리아가 태어남.

1657~1658년 렘브란트의 저택을 팔아넘김.

1660년 작은 집을 구해서 헨드리키에, 티튀스, 코르넬레아와 함께 생활함.

1663년 헨드리키에 사망.

1668년 티튀스 사망.

1669년 10월 1일 렘브란트 사망.

렘브란트의 노년기 자화상

렘브란트 〈사도 바울로 분한 자화상〉
1661년, 캔버스에 유화, 91x77cm, 암스테르담 국립미술관

숨은 자화상 찾기

렘브란트 말고도 의뢰 받은 그림에 자신의 자화상을 숨겨 놓은 익살스러운 화가들이 있어. 자, 지금부터 눈을 크게 뜨고 화가를 찾아보는 거야! 도움말을 좀 줄까? 바로 이거야!
  "화가는 우릴 보고 있지!"

모자를 쓴 남자와 투구를 쓴 남자 사이에서 렘브란트가 빼꼼히 고개를 내밀고 있어.

산드로 보티첼리
⟨동방 박사의 경배⟩
1475년경,
나무판에 템페라,
111x134cm,
피렌체 우피치 미술관

산드로 보티첼리

[Sandro Botticelli 1445~1510]

모두 잘 찾았니? 보티첼리가 낯선 친구들은 옆에 ⟨비너스의 탄생⟩을 봐 줘. 광고 등에 많이 패러디해서 이 그림이 더 익숙할 것 같아.

산드로 보티첼리는 이탈리아의 르네상스 시대에 활동했던 화가야. 그 시대에는 주로 성서나 신화를 그림으로 표현했다고 해.

⟨동방 박사의 경배⟩는 동방의 왕이며 박사들인 세 사람이 별의 인도를 받아 베들레헴으로 찾아가, 태어난 아기 예수를 경배하였다는 구절을 담아낸 그림이야. 모두 아기 예수를 바라보기 바쁜데, 보티첼리만 그런 상황에는 관심 없다는 듯이 우리에게 눈빛을 보내고 있어. 당당하면서도 의연한 화가의 모습이 엿보이는 그림이야.

도도한 표정을 한 보티첼리

산드로 보티첼리 〈비너스의 탄생〉 1486년경, 캔버스에 템페라, 172.5 ×278.5cm, 피렌체 우피치 미술관

라파엘로 산치오 〈아테네 학당〉 1509년경, 프레스코 벽화, 579.5x823.5cm, 로마 바티칸의 스텐차 델라 세나투라

라파엘로 산치오
[Raffaello Sanzio 1483~1520]

라파엘로는 다빈치, 미켈란젤로와 더불어 이탈리아 르네상스의 3대 거장으로 불렸어. 도움말을 잘 기억하고 있는 친구들은 화가를 찾았을 것 같은데, 어때?

우리를 바라보고 있는 라파엘로

라파엘로는 서른일곱 살의 이른 나이에 세상을 떠났지만 현대 미술까지 영향을 미칠 정도로 대작을 많이 남겼어. 특히 이 작품은 교황 율리우스 2세를 위해 로마 바티칸 궁전 안에 있는 서명실에 그린 벽화야.

라파엘로 자화상 말고도 또 다른 비밀을 알려 줄까? 중앙에서 옆구리에 책을 끼고 하늘을 가리키고 있는 사람은 철학자 플라톤이야. 당시 거장이었던 레오나르도 다빈치를 모델로 했다고 해. 그리고 대리석 탁자에 기대어 턱을 괴고 뭔가를 적고 있는 사람 보이지? 그 사람은 그리스 철학자 헤라클레이토스인데, 미켈란젤로를 모델로 했대.

미켈란젤로를 모델로 한 헤라클레이토스

모두 다른 시대에 살아서 한자리에 모일 수 없는 철학자들을 한곳에 모아 둔 거야. 위대한 철학자들의 지혜를 모두 모아 두고 싶었던 걸까? 아무튼 덕분에 그림 속에 숨겨진 이야기들은 더 풍부해졌어.

화가가 어떤 생각을 가지고 자화상을 넣었을지 잘 생각해 봐.

디에고 벨라스케스 〈시녀들〉 1656년경, 캔버스에 유채, 318×276cm, 마드리드 프라도 미술관

디에고 벨라스케스

[Diego Rodriguez de Silva y Velázquez 1599~1660]

이번에는 너무 쉽게 찾았다고? 아니면 머리를 너무 써서 함정에 빠진 친구도 있을까? 맞아, 그림을 그리고 있는 수염 난 아저씨가 바로 디에고 벨라스케스야. 에스파냐 펠리페 4세의 궁정 화가였던 벨라스케스가 앞에 있는 왕비와 왕의 초상화를 그리고 있는 장면이지.

이 그림에서 화가가 아주 도드라져 보이지? 다른 화가들은 자화상을 숨겨 놓았는데, 벨라스케스는 오히려 자신을 더 드러냈어. 캔버스와 화가 자신을 주변 인물보다 크게 그려서 높은 자긍심을 표현했지. 벨라스케스는 펠리페 4세의 총애를 받아서, 왕이 자신의 초상화는 벨라스케스 외에 아무도 그릴 수 없다고 할 정도였다고 해.

가운데 있는 공주님은 펠리페 4세의 딸 마르가리타 테레사야. 벨라스케스가 공주의 성장 과정을 초상화로 그린 그림은 아주 유명하지.

마르가리타 공주의 초상화

미술관에 놀러 가요

서울시립미술관 sema.seoul.go.kr   02) 2124-8800

예술의전당 sac.or.kr   02) 580-1300

경인미술관 kyunginart.co.kr   02) 733-4448

성곡미술관 sungkokmuseum.org   02) 737-7650

국립현대미술관 mmca.go.kr   02) 2188-6000 (과천관)
　　　　　　　　02) 3701-9500 (서울관)   02) 2022-0600 (덕수궁관)

국립중앙박물관 museum.go.kr   02) 2077-9000

호암미술관 hoam.samsungfoundation.org   031) 320-1801

경기도미술관 gmoma.or.kr   031) 481-7000

강릉시립미술관 gnmu.gn.go.kr   033) 640-4271

대전시립미술관 dmma.daejeon.go.kr   042) 270-7370

경남도립미술관 gam.go.kr   055) 254-4600

부산시립미술관 art.busan.go.kr   051) 744-2602

포항시립미술관 poma.kr   054) 250-6000

대구미술관 daeguartmuseum.org   053) 790-3000

전북도립미술관 jma.go.kr   063) 290-6888

광주시립미술관 artmuse.gwangju.go.kr   062) 613-7100

제주도립미술관 jmoa.jeju.go.kr   064) 710-4300

※ 자세한 정보는 미술관의 인터넷 홈페이지와 전화를 통해 문의하시기 바랍니다.